MÉTODO DE ESPAÑOL PARA EXTRANJEROS

PRISMA

NIVEL INICIAL

LIBRO DE EJERCICIOS

Evelyn Aixalà

María Ángeles Casado

Anna Martínez

Marisa Muñoz

Eva Muñoz

Ana María Romero

Edi numen

A1+A2
Fusión

© Editorial Edinumen, 2007
© Evelyn Aixalà Pozas, María Ángeles Casado Pérez, Anna Martínez Sebastiá, Marisa Muñoz Caballero, Eva Muñoz Sarabia y Ana María Romero Fernández.

ISBN: 978-84-9848-056-6
Depósito Legal: M-5278-2013
Impreso en España
Printed in Spain

1.ª edición: 2007
2.ª impresión: 2008
3.ª impresión: 2009
4.ª impresión: 2011
5.ª impresión: 2012
6.ª impresión: 2013

Adaptación:
José Manuel Foncubierta

Coordinación pedagógica:
María José Gelabert

Coordinación editorial:
Mar Menéndez

Ilustraciones:
Miguel Alcón

Diseño de portada:
Carlos Casado y Juanjo López

Diseño y maquetación:
Opción K, Juanjo López y Ángeles Tornero

Impresión:
Gráficas Glodami. Coslada (Madrid)

Editorial Edinumen
José Celestino Mutis, 4. 28028 - Madrid
Teléfono: 91 308 51 42
Fax: 91 319 93 09
e-mail: edinumen@edinumen.es
www.edinumen.es

Con EXTENSIÓN DIGITAL

ELEteca
un espacio en constante actualización

Extensión digital de *Prisma Inicial (A1+A2)*: consulta nuestra **ELEteca**, en la que puedes encontrar, con descarga gratuita, materiales que complementan este curso.

La Extensión digital para el **profesor** contiene los siguientes materiales:
☐ Fichas fotocopiables y sus claves
☐ Transparencias
☐ Material de evaluación

Recursos del profesor:
Código de acceso
98480566
www.edinumen.es/eleteca

La Extensión digital para el **alumno** contiene los siguientes materiales:
■ Prácticas interactivas

Recursos del alumno:
Código de acceso
98480559
www.edinumen.es/eleteca

En el futuro, podrás encontrar nuevas actividades. **Visita la ELEteca**

ÍNDICE

Unidad 1

1.1. Escribe el nombre de las letras que forman las siguientes palabras.

Ejemplo: *actor* ➜ a / ce / te / o / erre /

- **Médico** ....
- **Azafata** ....
- **Abogada** ....
- **Jefes** ....

- **Taxista** ....
- **Peluquero** ....
- **Vendedor** ....
- **Profesora** ....

1.2. En el ejercicio anterior hay ocho profesiones, relaciona cada profesión con el lugar de trabajo.

Ejemplo: *actor* ➜ teatro

> tribunal • coche • avión • hospital • peluquería • tienda • empresa • escuela

- **Médico** ....
- **Azafata** ....
- **Abogada** ....
- **Jefes** ....

- **Taxista** ....
- **Peluquero** ....
- **Vendedor** ....
- **Profesora** ....

1.3. Relaciona los números con su nombre.

> 5 • 6 • 1 • 15 • 7 • 4 • 10 • 3 • 2

- Uno ....
- Siete ....
- Cuatro ....

- Cinco ....
- Seis ....
- Diez ....

- Tres ....
- Quince ....
- Dos ....

1.4. Escribe el nombre del número.

- 23   veintitrés ....
- 18   ....
- 14   ....
- 25   ....
- 42   ....

- 36   ....
- 27   ....
- 19   ....
- 15   ....
- 17   ....

1.5. Escribe la cifra resultante.

Ejemplo: *7 x 2 = 14 catorce*

- $5 \times 5 =$ ....
- $150 - 100 =$ ....
- $34 + 32 =$ ....

- $6 \times 7 =$ ....
- $30 - 15 =$ ....
- $45 + 10 =$ ....

- $9 \times 9 =$ ....
- $80 - 10 =$ ....
- $11 + 5 =$ ....

1.6. Escribe las palabras utilizando letras del cuadro.

q • b (2) • ll (2) • c (5) • g (4) • k (2) • v (4) • z (3) • y (2) • rr • ch • r • j (2)

1. ..Q.. ueso
2. ...... uita ...... a
3. ...... u ...... ara
4. ...... er ...... e ...... a
5. ...... asa

6. ...... a ...... a
7. ...... alan ...... a
8. ...... amba
9. ...... ande ...... a
10. ...... amón

11. ...... aso
12. ...... irafa
13. ...... a ...... e
14. ...... irasol
15. ...... ogur

16. ...... i ...... arro
17. ...... arate ...... a
18. ...... ema
19. ...... apato
20. ...... orar

1.7. Relaciona la persona con la forma verbal correspondiente.

A. Formas del singular.

yo • tú • él • ella • usted

1. Soy ....
2. Se llama ....
3. Eres ....
4. Me llamo ....
5. Tienes ....

6. Tengo ....
7. Es ....
8. Trabajo ....
9. Te llamas ....
10. Trabajas ....

B. Formas del plural.

nosotros/as • vosotros/as • ellos/as • ustedes

1. Somos ....
2. Tenéis ....
3. Tienen ....
4. Se llaman ....
5. Trabajamos ....
6. Sois ....

7. Os llamáis ....
8. Nos llamamos ....
9. Tenemos ....
10. Trabajáis ....
11. Son ....
12. Trabajan ....

1.8.° Completa las frases con la forma verbal adecuada.

Ser

1. Yo .... española, de Salamanca.
2. Nosotros .... estudiantes de inglés.
3. Santiago y Daniel .... italianos.
4. Ella .... de Brasil.
5. Ustedes .... profesores, ¿verdad?
6. Vosotras .... estudiantes de español.
7. Tú .... sueco, ¿no?
8. ¿De dónde .... (usted)?
9. Juan .... informático.
10. Este verbo .... muy irregular.

Tener

1. ▷ ¿Cuántos años .... (tú)?

   ► .... (yo) catorce.

2. Juan y Carmen .... un coche estupendo.

3. (Usted) .... calor.

4. ▷ ¿.. (vosotros) hambre?

   ► No, ... (nosotros) sed, mucha sed.

5. Pilar .... cincuenta años.

6. El verbo tener .... la primera persona irregular **tengo**.

7. Las formas **tienes, tiene, tienen** .... un diptongo (e>ie).

8. ¿Es difícil el verbo ....?

9. Escribe las formas del singular con el pronombre correspondiente.

   Ejemplo: Yo *tengo, tú* .... *el/ella/usted* ....

10. Escribe las formas del plural con el pronombre correspondiente.

    Nosotros/as .... *, vosotros/as* .... *, ellos/as/ustedes* ....

Llamarse

1. Mis amigos .... Pedro y Ana.

2. ¿Cómo .... (tú)?

3. Yo no .... (yo) Carmen, (yo) .... María.

4. Mi jefe .... Antonio.

5. ¿Vosotras .... Juana e Inma?

6. Usted .... Carmen, ¿verdad?

7. Tú .... Carlos, ¿no?

8. Escribe el pronombre que acompaña a las formas del singular del verbo **llamarse**.

   Ejemplo: *Yo **me** llamo.*

   Tú .... llamas. Él .... llama. Ella .... llama. Usted .... llama.

9. Escribe el pronombre que acompaña a las formas del plural del verbo **llamarse**.

   Ejemplo: *Nosotros/as **nos** llamamos.*

   Vosotros/as .... llamáis. Ellos/as .... llaman. Ustedes .... llaman.

10. El verbo .... es regular, pero es pronominal (lleva pronombre).

1.9. **Completa la nacionalidad de los siguientes países.**

   Ejemplo: *España* ➜ *español/a*

1. Japón ....
2. Italia ....
3. Francia ....
4. Inglaterra ....
5. Estados Unidos ....
6. Suecia ··

7. Marruecos ....

8. Argentina ....

9. Brasil ....

10. Portugal ....

1.10. **Completa las frases con los interrogativos siguientes.**

> **Cómo • Quién • Cuántos • De dónde**

1. ¿ .... eres?

2. ¿ .... años tiene tu jefe?

3. ¿ .... se llama tu hermano?

4. ¿ .... es tu compañero de piso?

5. ¿ .... coches tienes?

6. ¿ .... te llamas?

7. ¿ .... es el actor Al Pacino?

8. ¿ .... estás?

9. ¿ .... es tu profesora de español?

1.11. **Elige el nombre de la profesión correcta.**

1. El .... trabaja en una escuela (profesor/médico).

2. El .... trabaja con un coche (escritor/taxista).

3. Pablo Picasso es un .... muy famoso (pintor/actor).

4. Antonio Banderas es un .... español (actor/estudiante).

5. La .... trabaja en un hospital (camarera/doctora).

6. Carmen y Laura son .... y trabajan en una oficina (secretarias/peluqueras).

1.12. **Lee el siguiente texto.**

Hola a todos,

Somos dos chicas españolas de veinte años. Yo me llamo Anna y mi amiga se llama María. Vivimos en Barcelona, una ciudad fantástica, porque estudiamos Psicología en una universidad de esta ciudad, pero somos del sur de España. Después de las clases, estudiamos francés en una escuela y tenemos muchos amigos franceses. María también estudia japonés y tiene una amiga japonesa que se llama Yoko. Ella tiene veintitrés años y es muy simpática. Creo que es muy interesante estudiar otros idiomas y tener amigos de diferentes culturas.

Muchos besos.

Contesta a las siguientes preguntas.

1. ¿Dónde vive Anna?: ....

2. ¿De dónde es María?: ....

3. ¿Cuántos años tienen las chicas?: ....

4. ¿Qué idiomas estudia María después de las clases?: ....

Unidad 2

2.1. Coloca el artículo determinado *el/la* femenino o masculino que corresponde.

Ejemplo: *El bolígrafo.*

1. *EL* libro.
2. *La* problema.
3. *La* carpeta.
4. *La* noche.
5. *La* clase.

6. *EL* día.
7. *El* coche.
8. *La* mano.
9. *La El* sobre.
10. *La* dirección.

2.2. Coloca el artículo indeterminado *un/una* femenino o masculino que corresponde.

Ejemplo: *Un bolígrafo.*

1. *Un* libro.
2. *Una* problema.
3. *Una* carpeta.
4. *Una* noche.
5. *Una* clase.

6. *Un* día.
7. *Un* coche.
8. *Una* mano.
9. *Un* sobre.
10. *Una* dirección.

2.3. Relaciona los sustantivos con los adjetivos que concuerdan en género y número.

Ejemplo: *El coche negro.*

grande • rojos • blanca • oscuras • cómodas • móvil

1. La casa *es grande blanca*
2. El espejo *es la grande*
3. Las sillas *son cómodas*

4. El teléfono *es móvil*
5. Las gafas *son oscuras*
6. Los tomates *son rojos*

2.4. Relaciona y forma frases.

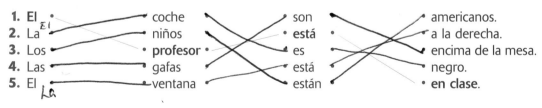

1. El *El* — coche — son — americanos.
2. La — niños — **está** — a la derecha.
3. Los — **profesor** — es — encima de la mesa.
4. Las — gafas — está — negro.
5. El *La* — ventana — están — **en clase.**

1. *El profesor está en clase.*
2. ....
3. ....
4. ....
5. ....

2.5. Conjuga el singular de los verbos.

    1. Hablar: yo ...., tú ...., él/ella/usted ....

    2. Comer: yo ...., tú ...., él/ella/usted ....

    3. Escribir: yo ...., tú ...., él/ella/usted ....

2.6. Conjuga el plural de los verbos.

    1. Escuchar: nosotros/as ...., vosotros/as ...., ellos/ellas/ustedes ....

    2. Leer: nosotros/as ...., vosotros/as ...., ellos/ellas/ustedes ....

    3. Vivir: nosotros/as ...., vosotros/as ...., ellos/ellas/ustedes ....

2.7. Ordena las siguientes frases.

    Ejemplo: en / Carlos / y / Madrid / viven / María ➜ *María y Carlos viven en Madrid*

    1. están / la / libros / mesa / de / los / encima

    ....

    2. un / gris / teléfono / tengo / móvil / yo

    ....

    3. gafas / son / de / las / Ángeles / granates

    ....

    4. clase / hay / en / Jordi / la / sillas / de / catorce

    ....

    5. ¿dirección / tiene / de / qué / e-mail / José M.ª?

    ....

    6. preguntan / los / profesor / estudiantes / al

    ....

    7. profesoras / se / y / de / Paula / Gregory / las / llaman / Linda

    ....

    8. cerca / escuela / de / vive / la / Laura

    ....

    9. la / debajo / mesa / de / está / la / papelera

    ....

    10. el / M.ª José / el / despacho / en / de / piso / está / 2.º

    ....

2.8. Conjuga el verbo que está entre paréntesis.

    1. Los chicos *(escuchar)* .... música en la radio.

    2. Anna *(tirar)* .... los papeles a la papelera.

    3. La madre *(leer)* .... un libro a sus hijos.

    4. Nosotras *(borrar)* .... la pizarra todos los días.

    5. Tú *(hablar)* .... cuatro lenguas.

    6. *(Beber, ella)* .... cerveza en las comidas.

7. David y tú *(mirar)* .... la televisión.

8. Yo *(escribir)* .... cuando tengo tiempo libre.

9. ¿*(Comprender, tú)* .... los verbos en español?

10. ¿*(Escuchar, vosotros)* .... con atención al profesor?

2.9. **Transforma las siguientes preguntas a la forma *usted*.**

Ejemplo: ¿Lees el periódico todos los días? ➡ *¿Lee el periódico todos los días?*

1. ¿Hablas mucho en clase? ....

2. ¿Escribes cartas con frecuencia? ....

3. ¿Dónde vives? ....

4. ¿Comprendes las instrucciones? ....

5. ¿Escuchas música en español? ....

2.10. **Fíjate en los dibujos y escribe debajo dónde está el pájaro Piolín.**

1. .....Piolín está.........
.....lejos de la jaula.....

2. ....

3. ....

4. ....

5. ....

6. ....

7. ....

8. ....

9. ....

10. ....

11. ....

12. ....

2.11. Elige *hay/está/(nada)*.

1. Cerca de la estación .... un estanco.

2. La carpeta .... al lado del libro azul.

3. .... un bloc de notas para escribir.

4. En mi habitación .... mucha luz.

5. El baño .... entre el dormitorio y .... la cocina.

6. ▷ ¿Dónde .... la escuela?

▶ No sé.

7. ¿Quién .... en casa? Veo luz por la ventana.

8. En la clase .... un alumno japonés.

9. La señora lee .... el periódico.

10. Juan abre .... la puerta de su habitación.

2.12. Corrige los nueve errores que hay en el siguiente texto.

Ejemplo: cuatro silla ➡ *cuatro sillas*

En mi clase hay *cuatro silla*, una lámpara blanco y muy grande y uno pizarra. La profesora hablan siempre en español y nosotros escucháis con atención. También hay la papelera y una radiocasete para las clases de conversación. Mi amigo y yo leen muchos libros en español y estudian mucho en casa. Tenemos libros y un diccionarios para trabajar y cada día aprendemos más gramática.

....
....
....
....
....
....
....
....

2.13. Señala la palabra que no pertenece al grupo.

1. Lápiz / Mesa / Rojo / Libro.

2. Casa / Negra / Blanca / Amarilla.

3. Algodón / Leche / Sangre / Venda.

4. Calle / Cerca / Detrás / Debajo.

5. Lavadora / Bañera / Cama / Piso.

6. Cocina / Cuarto de baño / Oficina / Dormitorio.

7. Trabajamos / Leemos / Escuchamos / Miramos.

8. Delante de / Detrás de / Negro / Cerca.

9. Azules / Amarillos / Blancos / Vasos.

10. Sobre / Primero / Plaza / Avenida.

2.14. Busca siete palabras relacionadas con la casa.

H	I	N	O	D	O	R	O
J	N	O	L	L	I	S	M
O	H	O	R	N	O	K	N
L	M	J	A	B	L	J	E
E	O	E	M	I	R	O	S
R	E	P	S	Q	U	L	O
D	R	S	V	A	T	Y	F
U	F	E	A	S	S	P	A

1. ....
2. ....
3. ....
4. ....
5. ....
6. ....
7. ....

2.15. Elige la opción correcta.

1. En la oficina:
  ▷ **Secretaria:** Buenos días *señor/señora* director. ¿Qué tal *está/estás*?
  ► **Director:** Bien, ¿y *tú/usted*?
  ▷ **Secretaria:** Bien, gracias.

2. En un bar:
  ▷ **Pedro:** Hola Pablo, ¿qué tal *estás/está*? ¿*Tienes/tiene* hambre?
  ► **Pablo:** Sí. ¿Y *tú/usted*? ¿Y *tienes/tiene* sed?
  ▷ **Pedro:** Sí, comemos una hamburguesa y bebemos Coca-Cola, ¿vale?

2.16. Completa con las abreviaturas correspondientes.

> C/ • Avda. • N.º • 3.º • Pza. • dcha. • @ • 2.º

1. Vivo en la (avenida) .... del Segre, (número) .... 16, piso (segundo) .... y Jordi en el piso (tercero) ....

2. Yo estoy en la casa de un amigo. Creo que es la (calle) .... Valencia, pero no estoy seguro.

3. Nosotros vivimos en la (plaza) .... Cataluña, (número) .... 123, escalera (derecha) ...., planta baja.

4. Yo no sé mi dirección, pero este es mi e-mail: Marta (arroba) .... yahoo.es. Me escribís y mando mi dirección exacta.

2.17. Lee este correo electrónico y contesta las preguntas.

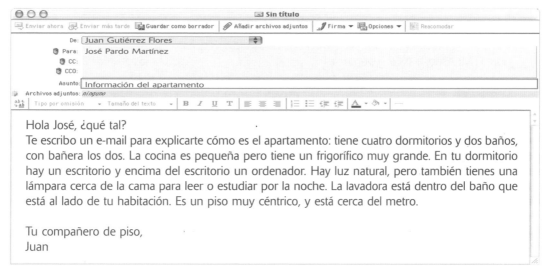

Hola José, ¿qué tal?
Te escribo un e-mail para explicarte cómo es el apartamento: tiene cuatro dormitorios y dos baños, con bañera los dos. La cocina es pequeña pero tiene un frigorífico muy grande. En tu dormitorio hay un escritorio y encima del escritorio un ordenador. Hay luz natural, pero también tienes una lámpara cerca de la cama para leer o estudiar por la noche. La lavadora está dentro del baño que está al lado de tu habitación. Es un piso muy céntrico, y está cerca del metro.

Tu compañero de piso,
Juan

Contesta a las siguientes preguntas.

1. ¿Cuántos dormitorios tiene el apartamento?

....

2. ¿Qué hay encima del escritorio?

....

3. ¿Dónde está la lavadora?

....

4. ¿Qué hay en el dormitorio?

....

Di si es verdadero o falso.

	verdadero	falso
1. En la habitación hay una cama muy grande.	☐	☐
2. El metro no está lejos del apartamento.	☐	☐
3. La lavadora está en la cocina.	☐	☐
4. El apartamento no tiene luz exterior.	☐	☐

2.18. **Encuentra las palabras ocultas y léelas en voz alta.**

FÁ	A	RO	CAR	DI	LLO
SE	TU	PE	VE	DOR	REC
SO	DA	TA	LA	CIÓN	NI

1. Instrumento que sirve para rotular.
2. Utensilio de cartón o plástico para guardar papeles.
3. Calle ancha, generalmente con árboles.
4. Datos que permiten localizar el domicilio de una persona.
5. Papel que se pone en las cartas que se envían a otras ciudades o países.
6. Asiento cómodo para dos o más personas.

2.19. **Completa el texto indicando el verbo y la persona que corresponde.**

Todos los días *(yo, levantarse)* .... a las 7 de la mañana, *(yo, escuchar)* .... las noticias de la radio y *(yo, leer)* .... el perió-dico. Mi esposa *(ella, levantarse)* .... a las 8 y los dos *(nosotros, tomar)* .... un café. Mi esposa *(ser)* .... alemana y *(ella, estudiar)* .... español en una escuela cerca de casa. El profesor de mi esposa *(él, llamarse)* .... Carlos y *(él, ser)* .... de Santiago de Compostela, una ciudad en el noroeste de España, en la comunidad autónoma de Galicia. Mi esposa, Carol, *(ella, estudiar)* .... todos los días una hora de español en casa y en la escuela tres días a la semana. Carol *(ella, escuchar)* .... música, *(ella, leer)* .... los ejercicios, *(ella, preguntar)* .... al profesor, *(ella, escribir)* .... redacciones y *(ella, aprender)* .... gramática. A Carol le gusta mucho el español y *(yo, estar)* .... muy con-tento de que ella aprenda mi lengua.

Unidad 3

3.1. **Lee el siguiente texto.**

La playa de San Sebastián es grande y luminosa. Hay muchos turistas porque es verano y hace calor. A mi derecha hay un turista alemán; es alto, rubio y un poco gordito. A mi izquierda, hay una chica francesa, es también alta, pero morena y muy, muy delgada.

Delante de mí, hay una familia española. Él es calvo, lleva gafas y un bañador muy feo. Ella es pelirroja, no es ni gorda ni delgada, lleva un biquini rojo y gafas de sol. La familia tiene un hijo. El niño tiene más o menos dos años, es simpático y alegre. Los tres se meten ahora en el mar. Realmente, hoy es un día muy, muy agradable.

3.2. **Señala los adjetivos calificativos que encuentres en el texto (17).**

>   **Ejemplo:** *grande*

....

....

3.3. **¿Puedes señalar los adjetivos contrarios a los del texto?**

>   **Ejemplo:** *grande* ➜ pequeño/a

.... ➜ .... ➜ ....

.... ➜ .... ➜ ....

.... ➜ .... ➜ ....

.... ➜ .... ➜ ....

.... ➜ .... ➜ ....

.... ➜ .... ➜ ....

.... ➜ .... ➜ ....

3.4. **Relaciona los nombres con su definición.**

Playa •	• Persona que viaja por distintos países.
Luminosa •	• Prenda de vestir que utilizamos para bañarnos.
Turista •	• De mayor tamaño.
Francés •	• Ausencia de frío.
Calvo •	• Persona de Francia.
Bañador •	• Utensilio que usamos para ver bien.
Grande •	• Persona que no tiene pelo.
Delgada •	• Que tiene mucha luz.
Gafas •	• Persona que tiene poca carne o grasa en el cuerpo.
Calor •	• Extensión de arena en la orilla del mar.

3.5. **Relaciona las palabras con el verbo correspondiente.**

> **Tener • Ser • Llevar**

Alta ....   El pelo largo ....   Calvo ....

Ojos verdes ....   Un biquini rojo ....   Serio ....

Simpática ....   Guapo ....   Una camiseta ....

3.6. Recuerdas que en la descripción de una persona, el verbo...

Ser va con ....

Tener va con ....

Llevar va con ....

> prendas de vestir
> sustantivos
> adjetivos

3.7. Escribe los adjetivos posesivos que faltan.

Masculino		Femenino	
Mi	ordenador	....	cámara
....	ordenador	**Tu**	cámara
Su	ordenador	....	cámara
....	ordenador	**Nuestra**	cámara
Vuestro	ordenador	....	cámara
....	ordenador	**Su**	cámara

3.8. Ahora tienes dos ordenadores y tres cámaras, escribe los adjetivos posesivos correspondientes.

Ejemplo: *Mis* ordenadores   *Mis* cámaras

....

....

....

....

....

3.9. Escribe la frase con la palabra correcta.

1. Quiero la falda *rojo/roja* que está en el escaparate.

....

2. Las gafas de sol *grises/gris* me gustan mucho.

....

3. Busco una blusa *azules/azul* de verano.

....

4. Los pantalones vaqueros *negro/negros* son más baratos.

....

5. Necesito mucha ropa para la reunión de trabajo en Madrid: unos calcetines *oscuros/oscuro,* una corbata *roja/rojas,* un traje *gris/grises* y una camisa muy, muy *blanca/blancas.*

....

....

3.10. Completa las frases con la forma adecuada.

> claro • alto • simpáticos • zapatos • grandes • camiseta • ondulado • sandalias • suecas • cómodos

1. Raúl lleva una .... blanca.

2. Mi hermana tiene unos .... de tacón.

3. La profesora habla .... y ....

4. Los autobuses de mi ciudad son .... y ....

5. Charo tiene el pelo ....

6. Mis sobrinos son muy ....

7. Tengo unas .... negras y azules.

8. En la escuela hay muchas estudiantes ....

3.11. · **Completa el cuadro.**

	Trabajar	Ver	Vivir	Estudiar
Yo	**trabajo**	....	....	....
Tú	....	....	**vives**	....
Él/ella/usted	....	....	....	....
Nosotros/as	....	**vemos**	....	....
Vosotros/as	....	....	....	**estudiáis**
Ellos/as/ustedes	....	....	....	....

3.12. **Escribe la forma verbal correspondiente.**

1. Teresa y Juan (tener) .... dos hijos, Carmen y Pablo.

2. ¿Dónde (estar) .... la calle principal de la ciudad?

3. En estas tiendas no (vender) .... ropa de calidad.

4. Mi madre (comprar) .... siempre en el mercado.

5. ¿Quién (ser) .... el hermano de Antonio?

6. Yo (llevar) .... ropa informal al trabajo.

7. Tú (llevar) .... un traje muy elegante.

8. Mi sobrino (tener) .... los ojos claros.

9. Vosotros (ser) .... muy altos y muy guapos.

10. ¿Qué (hacer, tú) .... normalmente los domingos?

3.13. **Ahora, elige el verbo más adecuado y escríbelo en la forma correcta.**

vender • estar • trabajar • ser • tener • abrir • haber • comprar

Mi hermano .... en una tienda de ropa. .... camisetas, pantalones, faldas, vestidos, etc., ropa informal. La tienda .... a las 10:00 de la mañana todos los días, domingos también. La tienda .... cerca de la playa y .... muchos turistas que .... allí. Mi hermano .... muy trabajador y .... la tienda muy bonita y ordenada, me gusta mucho.

3.14. **Conjuga las personas de los siguientes verbos.**

Singular del verbo Ser

Yo .... tú .... él/ella/usted ....

Singular del verbo Tener

Yo .... tú .... él/ella/usted ....

Singular del verbo Hacer

Yo .... tú .... él/ella/usted ....

Plural del verbo Comprar

Nosotros/as .... vosotros/as .... ellos/as/ustedes ....

Plural del verbo Abrir

Nosotros/as .... vosotros/as .... ellos/as/ustedes ....

Plural del verbo Vender

Nosotros/as .... vosotros/as .... ellos/as/ustedes ....

3.15. Ordena las siguientes frases.

> **Ejemplo:** una / color / falda / tengo / de / negro ➡ *Tengo una falda de color negro.*

1. de / llama / mujer / Letizia / la / Felipe / se

....

2. los / Cristina / alumnos / simpáticos / de / son

....

3. padre / para / mi / leer / gafas / mejor / lleva

....

4. y / una / Javier / hija / tienen / preciosa / Laura

....

5. ¿de / vuestros / son / padres / dónde?

....

6. de / 210 / gafas / euros / cuestan / estas / sol

....

7. de / en / familia / León / vive / la / Eva

....

8. está / centro / en / apartamento / el / su

....

9. mi / tiene / blanco / el / Miguel / pelo / tío

....

10. Yolanda / son / son / y / y / Diego / Almería / novios / de

....

3.16. Lee el texto y contesta a las preguntas.

Mi familia es muy grande. Mis abuelos tienen ochenta años y se llaman Modesto y Soledad. Tienen dos hijos, que son mi madre y mi tío. Mi madre es Ana y mi tío se llama Pepito. Mi tío es muy simpático y vive en Lleida, en un piso cerca de la casa de mis padres. Mi madre y mi padre, José, tienen tres hijos: Jordi, Alberto y yo, que me llamo igual que mi madre. Jordi y mi cuñada tienen dos hijas: Andrea y Sofía. Ellas, mis sobrinas, son muy guapas y muy inteligentes. Tengo dos sobrinos más de mi otro hermano Alberto y de su mujer Maite: David y Elisabet. Ellos viven en las Islas Canarias y están muy lejos de nuestra ciudad.

Contesta a las siguientes preguntas.

1. ¿Cómo se llama mi cuñada, la mujer de mi hermano Alberto?

....

2. ¿Cuántas sobrinas tengo?

....

3. ¿Dónde vive el hermano de mi madre?

....

4. ¿Cómo me llamo yo?

....

Di si es verdadero o falso.

	verdadero	falso
A. Mi sobrino se llama Alfredo.	☐	☐
B. Modesto y Soledad son muy jóvenes.	☐	☐
C. Tengo dos hermanos.	☐	☐
D. Las Islas Canarias están muy cerca de la casa de mis padres.	☐	☐

Unidad 4

4.1. Escribe el singular de los verbos *preferir* y *querer*.

	Preferir	Querer
Yo	....	....
Tú	....	....
Él/ella/usted	....	....

4.2. ¿Qué tienen en común (igual) estas formas verbales?

....

4.3. Conjuga el plural de los verbos *preferir* y *querer*.

	Preferir	Querer
Nosotros/as	....	....
Vosotros/as	....	....
Ellos/as/ustedes	....	....

4.4. ¿Qué ocurre con la 3.ª persona del plural?

....

4.5. Conjuga el verbo *necesitar*.

Yo	....
Tú	....
Él/ella/usted	....
Nosotros/as	....
Vosotros/as	....
Ellos/as/ustedes	....

4.6. El verbo *necesitar*, ¿es regular o irregular?

....

4.7. Completa el siguiente texto con la forma verbal adecuada.

Yo no *(necesitar)* .... coche, *(yo, preferir)* .... ir en tren o en autobús. Mi marido y yo no *(querer)* .... un coche, nosotros alquilamos uno cuando vamos de vacaciones. Mi amiga Juana sí *(necesitar)* .... el coche para trabajar. Ella *(querer)* .... comprar uno pequeño porque es práctico para aparcar en la ciudad, pero ella *(preferir)* .... un coche grande para los viajes largos.

4.8. ¿Y tú? Responde con una frase completa.

▷ ¿Necesitas coche para ir a tu trabajo o a tu centro de estudios?
► ....

▷ ¿Qué medio de transporte prefieres, el coche, el autobús, el metro...?
► ....

▷ ¿Quieres comprar un coche nuevo ahora?
► ....

4.9. Completa las frases con la palabra o expresión más adecuada del recuadro.

> ir • leer • una Coca-Cola • estudiar • *escribir* • cenar • el coche
> • un diccionario • unos zapatos nuevos • sopa

1. Prefiero ...escribir................. con bolígrafo.
2. Lola necesita .... al banco.
3. ¿Quieres ....?
4. Los alumnos de Miguel prefieren .... gramática.
5. Necesitáis .... para estudiar español.
6. Charo quiere .... en un restaurante.
7. Prefiero .... porque es más cómodo y seguro que la moto.
8. Pablo necesita ....
9. Marina no quiere .... para comer.

4.10. Completa las frases con los comparativos *más que, menos que* y *tan como*.

1. El tren es .... cómodo .... el autobús.
2. El metro es .... rápido .... la bicicleta.
3. El autobús es .... peligroso .... el coche.
4. El avión es .... seguro .... el coche.
5. El coche no es .... ecológico .... la bicicleta.
6. Ir en moto es .... interesante .... ir en metro.
7. El barco es .... emocionante .... el avión.
8. Ir a pie es .... saludable .... ir en coche.
9. El taxi es .... caro .... el metro.
10. La bicicleta es .... divertida .... el autobús.

4.11. Completa con los comparativos irregulares.

> mejor • mejores • peor • peores • mayor • mayores • menor • menores

1. Tengo dos hermanos. Felipe que tiene 16 años y Luis que tiene 15. Felipe es .... que Luis.
2. El tráfico en Barcelona es malo, en Madrid es malo, malo. Por tanto, el tráfico en Madrid es .... que en Barcelona.
3. En mi ciudad hay 2 millones de habitantes y en Salamanca hay 200 000 habitantes; mi ciudad es .... que Salamanca.
4. Mi profesor de biología es bueno, pero mi profesora de lengua es muy, muy buena. Entonces, mi profesora es .... que mi profesor.
5. Estos tomates son malos, malos, son .... que los tomates de ayer.

4.12. Conjuga la persona correcta del verbo *ir*.

1. Mis hermanos y yo .... todos los domingos al cine.
2. *(Yo)* .... a pie al trabajo.
3. ¿Adónde .... *(tú)*?
4. Mis amigos .... a un colegio cerca de mi casa.

5. Laura .... con sus padres de vacaciones todos los veranos.

6. ▷ ¿Cómo .... (usted) a casa?

▶ (Yo) .... siempre en coche.

7. Vosotros .... en bicicleta hasta la esquina de la calle, y desde allí ....
andando porque el camino es muy estrecho.

8. ▷ ¿ .... (ustedes) en avión el domingo a Londres?

▶ No, ... (nosotros) en tren y en barco.

9. Mi jefe normalmente .... a la oficina en metro, hay mucho caos de tráfico
en el centro de la ciudad.

10. Mis compañeros de trabajo .... a un restaurante regular, yo ....
a uno mejor.

4.13. **¿Qué preposición elegimos: *a, en* o nada?**

1. Voy a estar .... la playa toda la tarde.

2. Vamos .... Madrid dentro de dos semanas.

3. Yo viajo .... el centro de la ciudad todos los días.

4. ¿Dónde .... está Juan?

5. ¿......................... qué hora sales de trabajar?

6. Viven .... un barrio muy típico del centro de la ciudad.

7. Tú vas .... coche normalmente, pero hoy vas .... autobús
porque el coche no funciona.

8. Tengo dos amigos .... Toledo.

9. Vivo .... el segundo piso.

10. ¿......................... qué piso vas?

4.14. **Corrige los errores de las siguientes frases.**

1. Pablo va en la universidad en moto.

....

2. Mis hermanas prefieren leen el periódico.

....

3. Necesito escribir una otra carta para Eva.

....

4. Cerca de mi casa está una farmacia.

....

5. Susana es tan alta que Cristina.

....

6. Viajar en avión es más mejor que viajar en bicicleta.

....

7. Mi padre prefieres ver las noticias de Antena 3.

....

8. Laura y Paula van en pie a trabajar.

....

4.15. Relaciona el adjetivo con el correspondiente medio de transporte.

Rápido   •   •   Bicicleta

Romántico   •   •   Barco

Ecológico   •   •   Avión

Caro   •   •   Metro

Barato   •   •   A pie

Sano   •   •   Andando

4.16. Escribe el contrario (≠) de los siguientes adjetivos.

Viejo ....   Grande ....   Bueno ....

Caro ....   Mejor ....   Más que ....

Rápido ....   Mayores ....   Delante de ....

4.17. *¿Dónde estoy?* Completa el diálogo con la palabra o expresión más adecuada.

> Necesito • a la derecha • cerca • al lado de • lejos • está

Es mi primer día en esta ciudad. Estoy en la estación de RENFE (Red Nacional de Ferrocarriles Españoles), y necesito preguntar muchas cosas. Hay un guardia cerca de mí, voy a preguntarle.

▷ Buenos días.

▶ Hola, buenos días. ¿Querías algo?

▷ Sí, no conozco la ciudad. .... ir al metro. ¿Dónde ....?

▶ Está muy .... Mira, tienes que bajar por aquella escalera y girar ...., ¿vale? Después giras a la izquierda y allí está el metro. ¿Vas muy ....?

▷ Voy a la Plaça de Catalunya primero y después a la Rambla, una de las calles más típicas de la ciudad.

▶ Sí, es verdad. Pues la Plaça de Catalunya está .... la Rambla. ¡Qué te diviertas!

▷ Gracias, hasta luego.

4.18. Encuentra las seis palabras ocultas y léelas en voz alta.

NE	ES	TO	TES	BA	RES	TAR	RA	JAR
ME	TRANS	VIA	TA	CE	SI	CIÓN	POR	NO

1. Lugar donde para el tren.   **4.** Ir de un país a otro.

2. Económico.   **5.** Comparativo plural de pequeño.

3. Metro, autobús, coche,…   **6.** Verbo que expresa necesidad o interés.

4.19. Lee el texto.

El transporte en mi ciudad

En Barcelona hay mucha gente que viaja en transporte público porque es mucho más práctico que coger el coche. El metro es el más rápido de los transportes públicos, además hay muchas líneas y están muy bien comunicadas. Ir en autobús es más agradable porque puedes mirar por la ventana y ver la calle, pero es más lento y menos puntual. Yo prefiero coger el metro que está cerca de casa y en diez minutos llego al trabajo, pero mis compañeros prefieren ir en autobús porque quieren relajarse antes de entrar en la oficina.

4.20. ¿Cómo es el metro en Barcelona? ¿Y el autobús? Escribe dos adjetivos que encuentres en el texto para cada uno.

Metro: ...., ...

Autobús: ...., ...

Unidad 5

5.1. Escribe el presente de las personas siguientes de los verbos indicados.

	Pedir	Servir	Vestirse
Yo	....	....	....
Tú	....	....	....
Él/ella/usted	....	....	....
Ellos/ellas/ustedes	....	....	....

¿Qué irregularidad hay en estas personas?
....

5.2. Escribe el presente de los verbos *acostarse* y *despertarse*.

	Acostarse	Despertarse
Yo	....	....
Tú	....	....
Él/ella/usted	....	....
Nosotros/as	....	....
Vosotros/as	....	....
Ellos/ellas	....	....

¿Qué irregularidad hay en estos verbos?
....

5.3. Escribe la primera persona del singular del presente de los verbos siguientes.

Dar	....	Venir	....
Hacer	....	Tener	....
Traducir	....	Decir	....
Salir	....	Oír	....
Conocer	....	Ir	....
Saber	....	Ser	....
Poner	....	Construir	....

5.4. ¿Qué hora es?

23:00	....
12:30	....
15:45	....
19:25	....
01:05	....
07:56	....
20:15	....
03:38	....

5.5. Carmen García García es una persona famosa y tú vas a hacerle una entrevista para ver a qué hora realiza las siguientes actividades (usa *usted*).

Ejemplo: *levantarse* ➡ ¿A qué hora se levanta?

Despertarse: ....

Ducharse: ....

Desayunar: ....

Lavarse los dientes: ....

Vestirse: ....

Salir de casa: ....

Empezar a trabajar: ....

Acostarse: ....

5.6. Observa la agenda de Andrés.

Lunes	Martes	Miércoles	Jueves	Viernes	Sábado	Domingo
8:00 Gimnasio	8:00 Gimnasio	8:00 Gimnasio	8:00 Gimnasio	8:00 Gimnasio	8:00 Gimnasio	8:00 Gimnasio
		11:30 Dentista			11:00 Hacer la compra	
12:30 Almuerzo con la junta directiva			14:30 Reunión de trabajo		13:00 Aperitivo con los amigos	14:45 Comida en casa de Mabel
	15:00 Comida con el jefe					
17:30 Salida del trabajo	17:30 Salida del trabajo	17:30 Salida del trabajo		17:30 Salida del trabajo		
			18:30 Salida del trabajo			19:00 Partido ¡Barça-Madrid!
21:00 *Squash*		21:00 *Squash*		21:00 *Squash*		
	22:10 En el cine con Eva				23:15 De copas con los amigos	

Responde a las preguntas. Recuerda que a veces hay más de una posibilidad.

Ejemplo: *¿Cuándo va Andrés al gimnasio?*

Va al gimnasio todos los días/cada día/de lunes a domingo...................................

1. ¿A qué hora sale de trabajar?

....

2. ¿Qué día va al dentista? ¿A qué hora? (Escribe la hora con palabras).

....

3. ¿Cuántas veces por semana practica el squash? ¿Qué días?

....

4. ¿Qué hace el lunes a mediodía?

....

5. ¿Qué hace el martes por la noche? ¿A qué hora?

....

6. ¿Cuándo come con su jefe?

....

7. ¿Tiene el viernes una reunión de trabajo?

....

8. ¿Qué día hace la compra? ¿Por la mañana o por la tarde?

....

9. Andrés siempre sale con sus amigos. ¿Qué hace? ¿Cuándo y a qué hora?

....

10. ¿Qué hace el domingo por la tarde?

....

5.7. **Ordena las frases siguientes (empieza por los adverbios).**

Ejemplo: *voy / vez / al mes / peluquería / una / a la /*
Una vez al mes voy a la peluquería...

1. todos / levanto / a las 7:00 / me / los días

....

2. voy / a la / nunca / casi / ópera

....

3. zumo de naranja / desayuno / domingos / los / todos

....

4. pocas / la televisión / veces / veo

....

5. los / de semana / siempre / acostamos / fines / tarde / nos

....

6. música / a / escuchan / clásica / menudo / mis / amigos

....

7. jueves / reunión / todos / a las 14:00 / los / académica / la / tenemos

....

8. cine / semana / vamos / a la / una vez / al

....

9. muchos / en / turistas / siempre / vienen / a / playa / la / verano

....

10. leo / cuando / las / noches / me / todas / acuesto

....

5.8. **Ordena los adverbios y expresiones de frecuencia (de más a menos).**

> casi nunca • una vez al año • todos los días • a menudo • muchas veces • a veces
> • dos veces a la semana • dos veces al mes • tres veces al día • cada cinco años

.........siempre......... ....

....

....

....nunca..........

5.9. **Elige la opción correcta.**

1. Estoy en un bar y quiero tomar una cerveza.
   a) ☐ Por favor, camarero, ¿me compra una cerveza?
   b) ☐ Por favor, camarero, ¿me trae una cerveza?
   c) ☐ Por favor, camarero, ¿me viene una cerveza?

2. ¿A qué hora vas al gimnasio?
   a) ☐ Son las ocho de la tarde.
   b) ☐ A las ocho por la tarde.
   c) ☐ A las ocho de la tarde.

3. Todos los días desayuno fruta.
   a) ☐ Siempre.
   b) ☐ A menudo.
   c) ☐ De lunes a viernes.

4. ¿Cuál es tu horario de trabajo?
   a) ☐ De 8 a las 5.
   b) ☐ Desde las 8 hasta las 5.
   c) ☐ Desde 8 a 5.

5. ¿Cuándo tienes reunión con el jefe?
   a) ☐ El lunes a las 9.
   b) ☐ En lunes a las 9.
   c) ☐ El lunes en las 9.

5.10. **Recuerdas los días de la semana? Escríbelos.**

.lunes,..

....

5.11. **¿Recuerdas los meses del año? Vamos a agruparlos según las estaciones del año.**

Ejemplo: Verano ➡ junio

Verano	Otoño	Invierno	Primavera
.........junio.........	....	....	....
....	....	....	....
....	....	....	....

5.12. **Comprensión lectora.**

Un día en la vida de Antonio Banderas.

▷ Hola Antonio, encantada de hablar unos minutos contigo. Nuestros lectores quieren saber cómo es un día normal en una persona tan famosa como tú.

► Hola a todos. Pues un día en mi vida es, más o menos, como un día en la vida de cualquier persona española.

▷ Sí, claro, pero tú eres un actor conocido en todo el mundo y tienes muchos fans y los *paparazzis* te persiguen, quieren hacerte fotos y saber qué haces y con quién estás, ¿no?

► Mira, yo me levanto casi todos los días a las siete de la mañana y a menudo hago gimnasia durante una hora. Después, desayuno con mi esposa Melanie, me ducho a las ocho y media y voy al trabajo.

▷ Pero, ¿siempre vas al trabajo a la misma hora?

► Normalmente sí. Muchas veces estoy en los estudios de cine desde las nueve de la mañana hasta las nueve de la noche.

▷ ¡Buf! Y cuando llegas a casa, ¿qué haces?

► Pues, siempre ceno con mi familia, veo la tele y muy pocas veces me acuesto temprano, como muchos españoles.

▷ Gracias Antonio por tu entrevista y hasta pronto.

Contesta a las siguientes preguntas.

1. ¿Cómo se llama la mujer de Antonio?
....

2. ¿A qué hora va Antonio al trabajo?
....

3. ¿Con qué frecuencia hace ejercicio?
....

4. Normalmente, ¿se acuesta pronto o tarde?
....

Unidad 6

6.1. Escribe los pronombres que acompañan al verbo *gustar*.

.... / .... / .... / .... / .... / ....

6.2. Relaciona un elemento de la columna A con uno de la columna B.

A	B
	• los coches.
	• la playa.
Me gusta •	• el verano.
	• los helados.
	• la cerveza.
	• jugar al fútbol.
Me gustan •	• los museos.
	• nadar.
	• el cine.

¿Cuándo usas *me gusta* y cuándo usas *me gustan*?

Me gusta ....

Me gustan ....

6.3. Repite el ejercicio 6.1. y 6.2. pero ahora usa el verbo *encantar*.

.... / .... / .... / .... / .... / ....

A	B
	• los coches.
	• la playa.
Me encanta •	• el verano.
	• los helados.
	• la cerveza.
	• jugar al fútbol.
Me encantan •	• los museos.
	• nadar.
	• el cine.

¿Cuándo usas *me encanta* y cuándo usas *me encantan*?

Me encanta ....

Me encantan ....

Escribe el pronombre correspondiente.

> **a mí • a ti • a él/ella/usted • a nosotros/as • a vosotros/as
> • a ellos/ellas/ustedes**

Ejemplo: a mí ➡ me

....

....

6.5. **Completa las frases con la forma verbal adecuada y los pronombres correspondientes.**

Tenemos un gran problema. En mi familia somos dos personas y no tenemos los mismos gustos en nada. Por ejemplo: los sábados *(a mí, gustar)* .... levantarme temprano y a mi marido *(gustar)* .... estar en la cama hasta más tarde. *(A mí, encantar)* .... ir a la playa por la mañana y a él, *(encantar)* .... las horas de más sol, entre las 12 y las 3. Con la comida tampoco tenemos los mismos gustos. No *(a nosotros, gustar)* .... las mismas cosas. A Carlos, mi marido, *(a él, encantar)* .... las comidas fuertes: asados, patatas con chorizo,... a mí en cambio *(gustar)* .... las ensaladas y las verduras, sobre todo en verano. ¡Qué problema!

6.6. **Ordena las siguientes expresiones de más a menos.**

> **no me gusta nada • me encanta • no me gusta demasiado • me gusta mucho
> • me entusiasma • me horroriza • me gusta.**

me entusiasma...

....

6.7. **Conjuga las formas como en el ejemplo.**

Ejemplo: A mis padres (importar) ⟨les⟩ importa muchísimo el resultado del examen.

1. A mi hermano *(pasar)* .... algo, creo que tiene algún problema.

2. A tu madre y a mí *(gusta)* .... salir a bailar los sábados por la noche.

3. ¿*(Doler, a ti)* .... la cabeza a menudo?

4. *(Encantar)* .... a mis estudiantes jugar en las clases de conversación.

5. ¿*(Quedar, a mí)* .... bien este vestido?

6. ¿*(Doler, a usted)* .... las piernas después de trabajar?

6.8. **Di si las frases son correctas o incorrectas. Si no lo son, corrígelas.**

1. Me encantan pasear por la playa cuando no hay gente.

....

2. A mi madre y a mi hermana nos gustan los helados.

....

3. ¿Tus estudiantes les gustan los juegos?

....

4. Si no te gusta el chocolate, puedes pedir crema.

....

5. No les gusta nada las discotecas, les gusta más el cine.

....

6.9. Contesta las siguientes preguntas.

    1. ¿Qué nombre recibe la primera comida del día en España? ....

    2. ¿Cuántos platos se toman durante la comida principal? ....

    3. Las tapas, ¿son un tipo de pescado o raciones de comida? ....

    4. La merienda, ¿se toma a media tarde o a media mañana? ....

    5. ¿Qué nombre recibe la última comida del día? ....

6.10. El verbo *doler*. Escribe el presente del verbo *doler*.

Me ....   Le ....   Os ....

Te ....   Nos ....   Les ....

¿Qué ocurre en las tres personas del singular y la tercera del plural?

....

6.11. Relaciona un elemento de la columna A con uno de la columna B.

         A   **B**

                                      • el dedo.

                                      • los pies.

Me duele •   • los oídos.

                                      • la espalda.

                                      • la cabeza.

                                      • las piernas.

Me duelen •   • el ojo.

                                      • las manos.

                                      • el estómago.

6.12. Completa el diálogo con las palabras y expresiones del cuadro.

> **le duele** • **también** • **le encanta** • **es** • **tiene** • **fiebre** • **Te gustan**
> • **Buenos días** • **me**

Doctor: .... señora Pérez.

Sra. Pérez: Buenos días doctor.

Doctor: ¿Qué le pasa?

Sra. Pérez: Esta .... mi hija Patricia, dice que .... la cabeza y el estómago.

Doctor: Voy a tomarle la temperatura para ver si tiene .... ¿Cuántos años tienes?

Patricia: Tengo 10 años.

Doctor: ¿ .... los caramelos y los chicles?

Patricia: Sí, ... gustan mucho.

Doctor: ¿Y el chocolate?

Sra. Pérez: El chocolate ....

Patricia: Sí, y .... me gusta comer helados.

Doctor: Bien... Señora Pérez, Patricia no .... fiebre, pero no puede comer comidas dulces ni golosinas durante unos días.

Patricia: ¡Oh! ¿Por qué no?

6.13. Escribe las siguientes palabras en la columna correspondiente.

estómago	espalda	mano
pie	pierna	hombro
brazo	rodilla	ojos
oreja	cintura	nariz
boca	tobillo	dedos
codo	cuello	cadera
pecho	nalgas	ombligo
frente	lengua	dientes

Cabeza	Tronco	Extremidades
....	....	....
....	....	....
....	....	....
....	....	....
....	....	....
....	....	....
....	....	....
....	....	....
....	....	....

6.14. Relaciona cada palabra con el verbo correspondiente.

tos • la cabeza • la espalda • fiebre • gripe • cansado • el estómago • mareado • el brazo • la pierna • enfermo

Tener: tos...

Doler: ....

Estar: ....

6.15. Sección de contactos: "Busco amigos".

Me llamo Antonio, soy estudiante de Derecho y tengo 19 años. Quiero conocer a chicos o chicas para relación de amistad. Me gusta salir de copas, ir a ver un partido de fútbol y leer. También me encantan las películas románticas, pero no me gusta nada la violencia. ¡Ah! Me gusta muchísimo salir a cenar fuera e ir a un buen restaurante porque no me gusta demasiado cocinar. Si tenéis los mismos gustos que yo, escribir a: antonio_gonzalez@yahoo.es

6.16. Di si es verdadero o falso.

	verdadero	falso
A. A Antonio le gusta bastante preparar la comida para los invitados.	☐	☐
B. Antonio busca una chica para salir.	☐	☐
C. Le encantan las películas de amor.	☐	☐
D. Prefiere las películas de acción a un partido de fútbol.	☐	☐

6.17. Descubre la palabra intrusa en cada una de las columnas.

Cabeza	Charlar	Queso	Pies	Almuerzo
Pierna	Salir	Morcilla	Manos	Merienda
Vestido	Escuchar	Jamón	Rodillas	Galleta
Dedo	Bailar	Vino	Cara	Cena
....	....	....	....	....

Unidad 7

7.1. Recordemos la formación del gerundio (que sirve para indicar la acción en desarrollo). Escribe el gerundio de las siguientes formas verbales.

Ejemplo: *hablar* ➜ hablando

cantar	escribir	llover ....
viajar	vivir	comer ....
trabajar	*dormir	volver ....
probar	*decir	*leer ....
cocinar	*seguir	*oír ....

*El gerundio es irregular.

7.2. Completa las frases usando *estar* + gerundio.

1. Ana *(estar, dormir)* .... en este momento.

2. Mis amigos *(estar, cocinar)* .... una paella de mariscos.

3. Mi hermano ahora no *(estar, trabajando)* ...., está en el paro.

4. Este verano *(estar, hacer)* .... muchísimo calor en todo el país.

5. *(Yo, estar, leer)* .... la última novela de Eduardo Mendoza, *El tocador de señoras*, y me encanta.

7.3. De las frases que te ofrecemos a continuación, tienes que marcar la opción correcta. En algunos casos ambas son correctas.

Ejemplo: Ana *tiene/está teniendo* una casa en Almería. ....*tiene*............

1. La semana que viene *tengo/estoy teniendo* un examen. ....

2. Todos los lunes los alumnos nuevos *hacen/están haciendo* un examen. ....

3. Ahora *llueve/está lloviendo* mucho. ....

4. *Estudio/estoy estudiando* español desde hace dos meses. ....

5. La pared del despacho *es/está siendo* amarilla. ....

6. Me *duele/me sigue doliendo* la cabeza. ....

7. Juan *tiene/está teniendo* 40 años. ....

8. El tren *llega/está llegando* en este momento. ....

9. Mis padres *tienen/están teniendo* tres hijos mayores de edad. ....

7.4. Relaciona ahora las siguientes palabras con los verbos que suelen acompañar.

> **tormenta • sol • viento • mal tiempo • aire • calor • nublado • frío • mucho calor • fresco • nieve**

....

....

....

7.5. Coloca el artículo *(el, la)* delante de los sustantivos siguientes.

> tierra • mar • aire • viento • luna • sol • calor • lluvia • frío
> niebla • cielo • nieve • verano • invierno • primavera • otoño • temperatura

....

....

7.6. Escribe el adjetivo correspondiente de los sustantivos siguientes.

- el frío ....
- la nube ....
- el sol ....
- el calor ....
- la humedad ....
- la lluvia ....

7.7. Completa el siguiente diálogo (seguimos hablando del tiempo). Ángeles está de vacaciones en Galicia y habla con su hija Montse que está trabajando en Barcelona.

Ángeles: ¡Hola Montse, hija! ¿Qué tal estás?

Montse: Hola, hola, bien, muy bien, ¿y tú?, ¿qué tal por esas tierras gallegas?

A: Bueno, una de las cosas más importantes de este verano es el calor. Aquí en Lugo normalmente *(hacer, fresco)* .... en el mes de agosto, pues este año *(hacer, calor)* .... también. ¿Y en Barcelona?

M: Uff, muchísimo calor también. Esta mañana *(estar, nublado)* .... y *(hacer, viento)* ...., un poco, no creas que mucho. A ver si *(llover)* .... pronto. Dicen los meteorólogos que este otoño seguro que *(haber, tormentas)* .... muy fuertes.

A: ¡Tormentas! ¡Qué miedo! No me gustan nada. Bueno, Montsita, cuídate mucho y vete a la playa que allí no *(hacer, tanto calor)* ....

M: Seguro, mamá. Cuídate mucho tú también. Un beso.

A: Un beso y hasta mañana hija.

7.8. Ahora relaciona los elementos de cada columna.

> Ejemplo: *Luis tiene mucho dinero.*

- Luis tiene
- En el diccionario hay
- Tengo
- Mi casa no es
- Javier canta
- Mi hermano viaja
- Las clases son
- Carmen tiene

• muy •

• mucho/a (s) •

- dinero.
- grande.
- calor.
- palabras.
- fiebre.
- a Italia.
- mal.
- interesantes.

7.9. En este texto se han cometido algunos errores (siete), descúbrelos.

En el Telediario (noticias en la TV) siempre hay una sección dedicada a la información meteorológica; veamos lo que dice el "hombre del tiempo":

"Buenas tardes, como ven ustedes en el mapa en la zona norte, especialmente en los Pirineos hace nublado y el pronóstico para esta tarde es muy viento, seguro que hay tormenta fuerte. En la comunidad de Madrid, está muchísimo calor y hace muy sol. En el resto de la zona centro la temperatura es mucho agradable y los cielos están despejados. En Andalucía, algo muy extraño en estas fechas, es fresco y llueve muy casi todos los días por la noche. Es un fenómeno extraño que nosotros, los meteorólogos, no nos explicamos. En resumen, tiempo normal para esta época, excepto en el sur".

Ejemplo: *hace nublado* ➡ *está nublado*

.... ➡ .... ➡ ....

.... ➡ .... ➡ ....

.... ➡ .... ➡ ....

7.10. **Completa el crucigrama y descubre una estación del año, utilizando una letra de cada una de las palabras.**

1. _ _ _ _ _ _ _ _ _   Cielo sin nubes.

2. _ _ _ _ _   Primer mes del año.

3. _ _ _ _   Lo contrario de calor.

4. _ _ _ _ _ _   Me despierto por la…

5. _ _ _ _ _ _   Lo contrario de invierno.

6. _ _ _ _ _   3.ª persona del singular del presente del verbo nevar.

7. _ _ _ _ _ _   Caer agua del cielo.

8. _ _ _ _ _ _ _ _   Cuando hay rayos y truenos.

9. _ _ _ _   Sinónimo de viento.

7.11. **Hay dos verbos que solo se usan para hablar del tiempo, los otros tienen otro significado. Márcalos.**

a) llover   **c)** hacer   **e)** tener

b) nevar   **d)** ser   **f)** haber

7.12. **Lee este texto.**

Conversación telefónica:

(¡Ring, ring!)

► ¿Dígame?

▷ ¿Está Jordi, por favor? Soy Javier, de Madrid.

► ¡Hola Javier!, soy yo, ¿qué tal estás?

▷ Bien... Mira, es que este fin de semana voy a Barcelona y quiero saber qué tiempo hace allí.

► Pues ahora hace mucho calor, estamos a 30 grados, y aquí el calor es muy húmedo.

▷ Aquí en Madrid estamos a 40 grados, pero el calor es más seco y hace mucho viento. A mediodía no podemos salir de casa, y solo podemos estar en la piscina.

► Pues, si vienes, puedes ir a la playa porque hace aire y la temperatura es más agradable que en el centro de la ciudad.

▷ ¡Ah sí! ¡Qué bien! ¿Y podéis ir a la playa todo el año?

► Bueno, en invierno hace bastante frío, pero casi nunca nieva. En cambio, en otoño y en primavera puedes pasear por la playa porque el clima es suave. A veces en estas estaciones llueve y hace un poco de fresco.

▷ En Madrid en invierno hace muchísimo frío y en verano muchísimo calor. Hay muchos contrastes de temperatura entre las estaciones.

▶ ¡Pásalo bien en Barcelona!

▷ Gracias y hasta pronto.

7.13. **Contesta a las siguientes preguntas.**

   1. ¿De dónde es Javier? ....

   2. ¿Dónde hace más calor ahora, en Madrid o en Barcelona? ....

   3. ¿Cómo es el clima en Barcelona en primavera y en otoño? ....

   4. ¿Qué tiempo hace en Madrid en invierno? ....

7.14. **Di si es verdadero o falso.**

	verdadero	falso
A. Ahora en Barcelona está lloviendo.	☐	☐
B. Ahora en Madrid hace muchísimo calor.	☐	☐
C. En Barcelona, en invierno nieva mucho.	☐	☐
D. El calor es más seco en Madrid y más húmedo en Barcelona.	☐	☐

7.15. **Señala la opción correcta de las siguientes situaciones.**

   1. Juan y Pedro se encuentran en la parada de autobús.

   Juan: Hola Pedro, ¿qué tal?

   Pedro: Bien, bien, pero hace un frío horrible.

   ☐ **a) Juan:** Es verdad, hace frío.

   ☐ **b) Juan:** Es verdad, hace muchísimo frío.

   ☐ **c) Juan:** Es verdad, no hace nada de frío.

   2. Carmen y Ana se encuentran en la cafetería "La Amistad".

   Carmen: Ana, ¡qué alegría verte!, ¿cómo estás?

   Ana: Bueno, bien. ¿Y tú?, ¡qué bien estás!

   Carmen: Es que ahora trabajo en un centro de estética y me cuido más.

   Ana: Ah, entonces…

   ☐ **a)** ¿ya no sigues trabajando en la escuela de recepcionista?

   ☐ **b)** ¿ya estás trabajando en la escuela de recepcionista?

   ☐ **c)** ¿ya trabajas en la escuela de recepcionista?

Unidad 8

8.1. Relaciona los adjetivos y pronombres demostrativos con los adverbios de lugar *aquí, ahí, allí*.

Ejemplo: *estos* → *aquí*

estos • esos • estas • aquellas • ese • aquel • este • aquellos • aquello • eso • esa • esta

• **Aquí:** ....

• **Ahí:** ....

• **Allí:** ....

8.2. Señala el adjetivo demostrativo correspondiente.

Ejemplo: *(Aquí)* ....Estas... *camisas.*

(Aquí) .... libro.   *(Ahí)* .... manzanas.   *(Allí)* .... melón.

(Aquí) .... huevos.   *(Ahí)* .... pescado.   *(Allí)* .... cerveza.

(Aquí) .... panadería.   *(Ahí)* .... carne.   *(Allí)* .... calamares.

(Aquí) .... coche.   *(Ahí)* .... tomates.   *(Allí)* .... tartas.

8.3. Escribe el adjetivo o pronombre demostrativo adecuado.

En la panadería.

▷ Buenos días, quería una barra de pan.

► ¿Le gusta *(aquí)* ....?

▷ No, mire perdone, mejor *(allí)* .... , que está menos cocida.

En la frutería.

▷ ¿A cómo están hoy los tomates?

► ¿Cuáles? ¿*(Aquí)* .... o *(ahí)* ....?

▷ *(Aquí)* .... , ... que tienen muy buen aspecto.

► *(Aquí)* .... están un poquito más caros, a 4 euros el kilo.

8.4. ¿Puedes recordar brevemente cuándo usamos los siguientes demostrativos?

• **Este/a/o(s):** ....

• **Ese/a/o(s):** ....

• **Aquel/aquella/o(s):** ....

8.5. Con los siguientes pronombres y adjetivos indefinidos, ¿cuáles se refieren solo a personas, solo a cosas o a ambos?

algo • nadie • alguno • algún • nada • alguien • ninguno • ningún
alguna • ninguna • algunos • algunas

• **Personas:** ....

• **Cosas:** ....

• **Personas y cosas:** ....

8.6. Completa las frases siguientes usando *nadie, nada, alguien, algo*.

▷ ¿Quieres tomar ....?

► No, gracias, no quiero ....

○ ¿Hay .... en casa?

● No, no veo a ...., y es extraño porque Juan hace una hora que llamó por teléfono desde aquí.

▷ Hay .... que me preocupa.

► ¿Qué dices?

▷ ...., ..., es que pienso en voz alta.

○ ¿.............................. sabe el subjuntivo en esta clase?

● No, todavía .... Vamos a estudiarlo más adelante.

8.7. Completa las frases siguientes usando *algún, alguno, alguna, algunos, algunas, algo*.

1. Tengo .... libros que te van a gustar mucho.

2. ¿Necesitas ....?

3. .... chicas de la clase van a ir de tiendas hoy.

4. .... ejercicio ha quedado incompleto, lo siento.

5. Juana tiene .... idea interesante sobre nuestro viaje.

6. .... de vosotros me preocupa.

7. .... lechugas hay que lavarlas bien.

8. Tengo .... de dinero, pero no mucho.

9. .... plátanos están malos, no se pueden comer.

10. .... año voy a viajar a Japón.

8.8. De las frases anteriores, transforma las frases 2, 4, 5, 6 y 8 en forma negativa usando *ninguno, ninguna, nada*.

Ejemplo: *Frase n.º 2* ➡ ¿No necesitas nada?

Frase n.º 4: ....

Frase n.º 5: ....

Frase n.º 6: ....

Frase n.º 8: ....

8.9. Sustituye el nombre por el pronombre objeto directo *(lo, los, la, las)* correspondiente.

Ejemplo: *La televisión* ➡ la *compro*.

- El pan ➡ .... como.
- La fruta ➡ .... lavo.
- El pescado ➡ .... limpio.
- Los huevos ➡ .... frío.
- Las naranjas ➡ .... pelo.

- Unas revistas ➡ .... leo.
- La música ➡ .... oigo.
- Un coche ➡ .... conduzco.
- La televisión ➡ .... pongo.
- Los árboles ➡ .... riego.

8.10. Sustituye las palabras que se repiten por un pronombre cuando sea posible.

Ejemplo: La *ponemos*.

¡Hoy cocino yo! Macarrones con aceitunas y atún.

No me gusta mucho la cocina, pero hoy voy a cocinar un plato de pasta muy, pero que muy bueno.

Salsa

Pelamos una o dos cebollas. Cortamos la cebolla y ponemos la cebolla [la ponemos] en una cazuela con aceite. Abro una lata de atún y añado el atún a la cazuela. Abro una lata de aceitunas y pongo las aceitunas en la cazuela. Tapo la cazuela con una tapadera. A fuego lento, añado tomate.

Macarrones

Pongo una cazuela con agua al fuego. Cuando el agua está hirviendo, añado los macarrones. Muevo los macarrones. Cuando están cocidos los macarrones, saco los macarrones y pongo los macarrones en una fuente.

Sirvo los macarrones con la salsa y un poquito de romero. ¡Qué buenos!

Salsa: ....

....

....

Macarrones: ....

....

....

8.11. **Completa con el pronombre de objeto directo adecuado** *(me, te, la, lo, las, los, nos, os).*

1. ▷ ¿Dónde tienes las llaves?

▶ .... tengo en el bolso.

2. ▷ ¿Me quieres?

▶ Sí, de verdad, ... quiero muchísimo.

3. ▷ ¿Compras tú la fruta hoy?

▶ Sí, ... compro al venir del trabajo.

4. ▷ ¿Nos llevas a casa en el coche, por favor?

▶ Sí, claro, ... llevo ahora mismo.

5. ▷ ¿Ves a tus vecinos desde el balcón?

▶ Sí, ... veo y hablo con ellos.

6. ▷ ¿Qué dice la radio?

▶ No sé, no .... oigo.

7. ▷ ¿Estudias vocabulario todos los días?

▶ No, no .... estudio todos los días, no tengo tiempo.

8.12. **Contesta a las siguientes preguntas usando el pronombre adecuado.**

1. ¿Riegas las plantas? Sí, ... riego.

2. ¿Conduces tu coche? No, hoy no .... conduzco.

3. ¿Ponemos un poquito la televisión? No, no .... ponemos, los programas son pésimos.

4. ¿Cocemos los macarrones? Sí, ahora .... cuezo.

5. ¿Oyes la música de los vecinos? No, no .... oigo.

6. ¿Haces la cama todos los días? Sí, por supuesto .... hago siempre.

7. ¿Cierras la ventana, por favor? Sí, ... cierro enseguida.

8. ¿Cueces mucho la pasta cuando cocinas? No, no .... cuezo mucho.

9. ¿Fríes los huevos con aceite de oliva? Sí, ... frío siempre con aceite de oliva.

10. ¿Me cuentas las últimas noticias del trabajo? No, no te .... cuento.

8.13. **Puedes recordar brevemente cuando usamos los pronombres de objeto directo.**

• **Lo:** ....

• **La:** ....

• **Los:** ....

• **Las:** ....

8.14 **Una receta de cocina.**

Ingredientes: 3 patatas grandes, 2 cebollas, 4 huevos, sal, aceite.
Modo de preparación:

Primero <u>pelas</u> las patatas y las cebollas, y después las <u>cortas</u> a trocitos. <u>Pones</u> aceite en una sartén, y cuando <u>está</u> caliente, <u>echas</u> los trozos de patata y cebolla y los vas <u>removiendo</u>. <u>Bates</u> los huevos y les echas sal. Después añades los huevos batidos a la sartén y cuando está todo compacto, le das la vuelta a la tortilla con un plato encima. Unos minutos y ya está lista para comer.

A. Busca dos pronombres de objeto directo que aparecen en el texto:

1. .... **2.** ....

B. Escribe el infinitivo de los verbos que aparecen subrayados en el texto:

....

8.15. **¿Recuerdas dónde podemos comprar los siguientes productos?**

1. Una barra de pan. ....<u>Panadería</u>....
2. Un kilo de plátanos. ....
3. Un paquete de tabaco. ....
4. Un frasco de Chanel n.º 5. ....
5. Un pescado fresco. ....

6. Un kilo de carne. ....
7. Un ramo de flores. ....
8. Una caja de bombones. ....
9. Una botella de leche. ....
10. Una camisa. ....

8.16. **Vamos al supermercado para hacer la compra. Tenemos muchas cosas que comprar. Pedro compra comida y yo otros productos. ¿Puedes ayudarnos a repartirlos en dos columnas?**

> pan • colonia • tomates • ensalada • flores • un cepillo de dientes
> • huevos • pañuelos de papel • naranjas • el periódico • salchichas
> • patatas fritas • una tarta • velas • embutido • lejía

Comida	Otros productos
....	....
....	....
....	....
....	....
....	....

8.17. **Vamos a definir. Usa la preposición *para* y define el uso de los objetos que te indicamos.**

Ejemplo: *Son unas tijeras. Las tijeras sirven para cortar.*

1. Teléfono móvil. ....
2. Un bolígrafo. ....
3. Dinero. ....

4. Una cuchara. ....

5. Un tenedor. ....

6. Un cuchillo. ....

7. Una cama. ....

8. Un reloj. ....

9. Un libro. ....

8.18. **¿Qué tal los números? Yo tengo problemas. He comprado una casa y necesito muebles. ¿Me ayudas? ¿Puedes escribir el número?, así es más fácil para mí.**

Un sofá 300 euros. ..Trescientos...

Un frigorífico 1000 euros. ....

Una cama y un colchón 1800 euros. ....

Una mesa para el salón 500 euros. ....

Seis sillas, cada silla 180 euros. ....

Una lavadora 700 euros. ....

En total son .... euros. ¡Qué caro!

No, no voy a comprar la mesa para el salón: - 500 euros. ....

No, no voy a comprar seis sillas, solo dos: - 360 euros. ....

En total ahora son .... euros.

8.19. **Relaciona cada cifra con su número correspondiente.**

1. Sesenta mil trescientos cincuenta y siete	• 40 534
2. Un millón doscientos treinta y cuatro mil cuatrocientos ochenta y nueve	• 4 534
3. Cinco mil novecientos cuarenta y uno	• 1 322
4. Trece mil veintidós	• 13 022
5. Seiscientos tres mil quinientos setenta y cinco	• 1 234 489
6. Mil tres cientos veintidós	• 123 448
7. Cuarenta mil quinientos treinta y cuatro	• 5 941
8. Cincuenta y nueve mil cuatrocientos once	• 59 411
9. Cuatro mil quinientos treinta y cuatro	• 603 575
10. Ciento veintitrés mil cuatrocientos cuarenta y ocho	• 60 357

8.20. **En una tienda de ropa.**

Dependiente: Hola, buenos días, ¿qué quería?

Clienta: Busco un vestido de noche.

Dependiente: ¿Cómo lo quiere? ¿Largo o corto?

Clienta: Corto, pero elegante.

Dependiente: Muy bien, aquí tenemos este, de color rojo pasión, y allí, en el otro escaparate, tenemos ese, azul turquesa.

Clienta: ¡Oh! ¡Este es increíble! ¿Pero no puedo ver ese de allí, el azul?

Dependiente: No se preocupe, voy a buscarlo.

Clienta: ¡Oh! ¡Este también es magnífico!

Dependiente: ¿Quiere probárselos?

Clienta: ¡Oh, no! Los dos son tan bonitos que prefiero no decidir cuál me gusta más.

Dependiente: Perdón, ¿cómo dice?

Clienta: ¡Voy a otra tienda! En esta tenéis demasiados vestidos. ¡Adiós!

Di si es verdadero o falso.

	verdadero	falso
1. La clienta quiere un vestido largo de noche.	☐	☐
2. El vestido azul turquesa está en un escaparate diferente.	☐	☐
3. Los dos vestidos le gustan a la clienta.	☐	☐
4. La clienta quiere una tienda con más variedad de vestidos.	☐	☐

8.21. **En unos grandes almacenes.**

Dependiente: ¡Buenas tardes! ¿Quieren algo?
Clientes: Queremos alguna cosa para regalo.

Dependiente: ¿Para hombre o mujer?
Clientes: Para una chica de 20 años.

Dependiente: ¿Tienen alguna idea? Algo para vestirse... ¿un pañuelo como este, por ejemplo?
Clientes: ¡Huy, no! ¿Tienen algo para decorar la casa?

Dependiente: No, nada. Esta es la sección de regalos, la sección de "hogar" está allí, al fondo del pasillo.
Clientes: Muchas gracias, hasta luego.

(En la sección de "hogar")
Clientes: Buenas tardes, queríamos algo para una amiga, algún jarrón o alguna planta para regalarle.

Dependiente: Aquí tenemos un jarrón persa del año 800, es una verdadera pieza de coleccionista y solo cuesta 750 000 euros.
Clientes: Pero, pero... es que... nos parece bastante caro.

Dependiente: Si el precio es un problema, podemos dejarlo por 725 000 euros.
Clientes: No, no, no importa, adiós, hasta otro día, adiós.

Contesta a las siguientes preguntas.

1. ¿Cuántas secciones visitan los clientes para encontrar un regalo?
....

2. ¿Qué compran en la sección de regalos?
....

3. ¿Dónde está la sección de "hogar"?
....

4. ¿Por qué no compran el jarrón persa?
....

8.22. **Lee el texto y busca la pregunta adecuada para responder a la frase que está en negrita.**

Esta mañana el mercado está imposible. ¡Qué precios! Una barra de pan **cuesta 1 euro**; los tomates y las peras **están a 5 euros el kilo**; cuatro plátanos **cuestan 3 euros** y una lechuga **vale 0,95 euros.** ¡Qué precios!

Ejemplo: *¿Cuánto cuesta una barra de pan?*

....
....
....
....

Unidad 9

9.1. **Lee el texto siguiente y señala las perífrasis que encuentres.**

¡Qué bien, hoy es viernes! Este fin de semana va a ser increíble. Para empezar, esta noche vamos a cenar en ese restaurante tan bonito junto a la playa. Vamos a ir cinco o seis, no sé si Angel puede venir. Después de la cena, pensamos ir a la discoteca "Guay del Paraguay", un ratito, no toda la noche, claro. El sábado tenemos que levantarnos pronto, vamos a hacer una excursión hasta el parque natural del Garraf. Pensamos caminar y disfrutar mucho de la naturaleza. Hay que llevar ropa cómoda y zapatos o botas adecuados para el campo. El domingo pienso dormir hasta las 10 h más o menos, leer el periódico y por la tarde quiero ir al cine. Un fin de semana *redondo*.

> **Ejemplo:** *va a ser*

....

....

....

....

9.2. **¿Puedes señalar la diferencia entre las siguientes perífrasis?**

1. *Ir a* + infinitivo

   ....

2. *Pensar* + infinitivo

   ....

3. *Tener que* + infinitivo

   ....

4. *Hay que* + infinitivo

   ....

5. *Deber* + infinitivo

   ....

9.3. **Escribe el verbo en la forma correcta.**

1. Mis jefes *(ir)* .... a abrir una nueva empresa en Chile.

2. Carmen no *(pensar)* .... venir en Navidad a España, hace mucho frío.

3. ¿Cuándo *(querer, tú)* .... comer conmigo la próxima semana?

4. No *(pensar, yo)* .... salir esta noche, estoy muy cansado.

5. La gente *(deber)* .... dejar el tabaco de una vez.

6. ¿Qué *(pensar, vosotros)* .... hacer este verano? ¿*(Ir, vosotros)* .... al extranjero o *(preferir, vosotros)* .... quedaros en España?

7. El próximo año *(ir, yo)* .... a hacer el viaje de mis sueños, me voy a ir al Tíbet.

8. ¿*(Poder, tú)* .... venir un momento, por favor?

9. ¿Qué *(pensar, tú)* .... hacer en esta situación?

10. Esteban *(tener)* .... que trabajar el próximo fin de semana, no *(poder)* .... venir con nosotros.

9.4. Las siguientes frases (perífrasis verbales) expresan: planes y proyectos, obligación o recomendación y obligación impersonal. Clasifícalas.

Tengo que trabajar toda la noche.

Hay que estar en el aeropuerto una hora antes del vuelo.

Voy a levantarme temprano el próximo sábado.

Luis tiene que pintar la casa antes del traslado.

Tenéis que cuidar a vuestra madre, está muy nerviosa últimamente.

Vamos a comprar los billetes del viaje esta tarde.

¿Hay que limpiar toda la casa?

¿A qué hora vas a llegar?

¿Qué hay que hacer?

Planes y proyectos

....

....

....

Obligación o recomendación

....

....

....

Obligación impersonal

....

....

....

9.5. Carmen y Pedro parece que tienen problemas y no se ponen de acuerdo. Escribe la forma correcta de los verbos.

▷ **Carmen:** ¿(Ir, nosotros) .... al cine esta tarde con los niños?

▶ **Pedro:** Huy, yo hoy no (pensar) .... moverme de casa, estoy muy cansado.

▷ **Carmen:** Hay que hacer la compra mañana sábado.

▶ **Pedro:** ¿Mañana? ¿(Nosotros, tener) .... que hacer la compra mañana? Imposible, mañana (ir, yo) .... a ir con Pablo, mi compañero de trabajo a la oficina, (nosotros, tener) .... que revisar unos papeles para la reunión del lunes.

▷ **Carmen:** Pedro, ¿qué (pensar, tú) .... hacer el domingo? (Preferir, yo) .... preguntarte antes porque mis planes y proyectos no te gustan.

▶ **Pedro:** Perdona Carmen, es verdad que el sábado estoy ocupado. Mira, el domingo si quieres, (poder, nosotros) .... ir al cine o si prefieres (ir, nosotros) .... hasta el centro y vemos algún museo, ¿vale?

▷ **Carmen:** Bueno, vale; el domingo vamos a...

9.6. ¿Qué piensas que van a hacer el domingo Carmen y Pedro? Escribe libremente unos posibles planes (desde la mañana a la noche).

El domingo por la mañana ....

Después ....

Más tarde ....

Van a comer en ....

Por la tarde ....

Luego ....

Sobre las nueve de la noche ....

9.7. Elige la opción más adecuada a la situación.

1. En la agencia de viajes.

▷ Aquí tiene el billete de avión, señora. Su vuelo sale a las 19:00 horas, el domingo día 7 de diciembre.

▶ ¿A qué hora es necesario estar en el aeropuerto?,

   a) en el aeropuerto va a estar a las 18:00 horas.

   b) en el aeropuerto piensa estar a las 18:00 horas.

   c) en el aeropuerto hay que estar a las 18:00 horas.

2. Los exámenes finales de la universidad.

▷ Juan, ponen la última película de Medem en el cine Prado.

▶ No puedo, Carlos. El examen de Anatomía es la próxima semana.

▷ Venga, hombre, sí.

▶ No, no y no,

   a) tengo que estudiar todo el fin de semana.

   b) pienso estudiar todo el fin de semana.

   c) hay que estudiar todo el fin de semana.

3. Planes para el verano.

▷ Este verano…

▶ ¿Qué pasa este verano?

▷ Este verano voy a cumplir el sueño de mi vida.

▶ ¿Sí?

▷ Este verano,

   a) tengo que hacer un crucero por el Caribe.

   b) debo hacer un crucero por el Caribe.

   c) pienso hacer un crucero por el Caribe.

4. La abuela Ángeles habla con su nieto Daniel.

▷ Daniel, ¿qué tal el cole?

▶ Buf, regular abuela. La profesora nos da muchos deberes y, además, es muy antipática.

▷ Bueno, bueno, Daniel, qué exagerado.

▶ No abuela, de verdad, es muy seria.

▷ Daniel, lo que pasa es que,

   a) hay que estudiar más.

   b) debes estudiar más.

   c) piensas estudiar más.

5. Mañana es el cumpleaños de Isabel.

▷ Lola, ¿qué le compramos a Isabel por su cumpleaños?

▶ No sé, no tengo ni idea.

▷ ¿Le compramos el último libro de Bernardo Atxaga?

▶ ¿Ya está en la librería?

▷ No sé,

   a) voy a acercarme a ver si lo tienen.

   b) tengo que acercarme a ver si lo tienen.

   c) debo acercarme a ver si lo tienen.

9.8. Este vocabulario está relacionado con el tiempo libre o el trabajo y estudios. ¿Puedes agruparlo?

> agenda • cine • clase • aperitivo • paseo • reunión con el director
> • tarde libre • excursión • deberes • oficina • empresa • horario • descanso
> • amigos • libro de texto • discoteca • sueldo • jefe • diversión • teatro

Tiempo libre/Ocio	Trabajo/Estudios
......................Cine.....................	....................Agenda..................
....	....
....	....
....	....
....	....
....	....
....	....
....	....
....	....

9.9. Lee el diálogo siguiente y señala las expresiones que indican rechazo de una sugerencia.

Andrea: Santi, ¿qué te parece si nos vamos al Caribe?

Santiago: ¡El Caribe! Uy, ni hablar, no me apetece nada.

A: ¿Por qué no?

S: Porque hace mucho calor en esta época del año. ¿Qué te parece Alaska? Tiene que ser impresionante.

A: ¿Alaska? Ni loca Santi. ¡Qué horror! ¡Qué frío!

S: Bueno, y ¿qué vamos a hacer? ¿Adónde nos vamos a ir?

A: ¿Y Mallorca? Buen clima, playas...

S: ¡Qué rollo! Mallorca no es nada original.

A: Mejor, lo pensamos en otro momento, ¿vale?, porque no nos ponemos de acuerdo.

S: Sí, en otro momento.

Santiago: ....

Andrea: ....

9.10. ¿Recuerdas a Andrés? (Unidad 5). Observa con atención su agenda para el próximo fin de semana.

Viernes	*Sábado*	*Domingo*
8:30 Trabajar	10:30 Ayudar a Eva a hacer limpieza	10:00 Al zoo con los niños
14:30 Comida de trabajo	15:00 Comida en casa de Teresa	13:45 Aperitivo en *El Tomás*
17:00 Partido de *squash* con Eduardo	18:00 Paseo por Las Ramblas con los amigos	16:15 Fiesta de cumpleaños de Marina
00:15 En la puerta de los cines Icaria. *Alien, el 8.º pasajero*		21:30 A descansar, el lunes hay que trabajar

9.11. **Haz una redacción explicando lo que va a hacer Andrés de viernes a domingo. Utiliza las perífrasis.**

Andrés, el viernes por la mañana va a ....

....

....

....

....

....

....

....

9.12. **Responde a las siguientes preguntas. Justifica tu respuesta.**

1. ¿Puede el domingo por la noche cenar con sus padres?

No, es que ....

2. ¿Puede ir el sábado a las 11:30 h a comprar?

....

3. ¿Puede ir el domingo por la tarde al cine?

....

4. ¿Puede visitar la ciudad el viernes por la mañana?

....

5. ¿Puede comer en casa de Manuel el sábado?

....

9.13. **Lee: ¿qué hay que hacer para ser el estudiante "perfecto"?**

1. Hay que estudiar mucho.

2. Hay que llegar pronto a clase.

3. Hay que hacer los deberes siempre.

4. Hay que estar despierto.

5. Hay que ayudar a los otros estudiantes.

Escribe cinco frases contrarias a las anteriores, como en el ejemplo.

¿Qué hay que hacer para ser el estudiante "imperfecto"?

1. Hay que estudiar poco. ....

2. ....

3. ....

4. ....

5. ....

9.14. Lee estas dos cartas y responde a las preguntas.

Querido Alberto:

Te escribo desde mi nuevo apartamento de Barcelona. Ya sabes que estoy aquí porque voy a perfeccionar mi español y pienso trabajar muy duro durante las próximas semanas. Claro que también voy a disfrutar de la ciudad, que es maravillosa. Para empezar, mañana pienso visitar La Sagrada Familia y pienso pasear por el Parque Güell, además, este fin de semana voy a salir con los compañeros de clase y vamos a ir a una discoteca que está en el Tibidabo. Ya sé que estás pensando en que tengo que estudiar...

Sí, vale, debo aprender mucha gramática pero debo practicarla también, ¿no crees? Y para hablar hay que conocer a gente y la gente está en las calles. Así que..., creo que esta noche voy a salir un rato porque tengo que practicar la expresión oral.

Bueno, hasta pronto.
Un beso, tu hermanita que te quiere,
Montse

Hola Montse:

Estoy muy contento porque estás en Barcelona y vas a vivir muchas experiencias nuevas, pero estás allí porque tienes que pasar un examen muy importante y debes concentrarte en eso. Si sales todas las noches vas a estar muy cansada y tienes que asistir a las clases.

Si no estudias, voy a tener que enseñarle a papá tu carta.

Tu hermano mayor,
Alberto

9.15. Contesta a las siguientes preguntas.

1. ¿Qué planes tiene Montse para mañana?

....

2. ¿Por qué está estudiando en Barcelona?

....

3. ¿Qué va a hacer Alberto si su hermana no estudia?

....

4. ¿Qué va a hacer Montse después de terminar la carta?

....

9.16. Di si es verdadero o falso.

	verdadero	falso
1. Montse es la hermana menor de Alberto.	☐	☐
2. Alberto da consejos a su hermana.	☐	☐
3. Montse y Alberto van a salir el fin de semana.	☐	☐
4. Alberto piensa que Montse no va a pasar el examen si no asiste a las clases.	☐	☐

Unidad 10

10.1. **Vamos a conjugar el presente del verbo *haber*.**

Yo	...he...................................	Nosotros/as	....
Tú	....	Vosotros/as	....
Él/ella/usted	....	Ellos/as/ustedes	....

10.2. **El participio regular. Escribe el participio de los siguientes verbos.**

Ejemplo: *cantar* ➜ *cantado*

• bailar	• mirar	• hablar ....
• cenar	• estudiar	• escuchar ....
• beber	• leer	• saber ....
• querer	• comer	• creer ....
• vivir	• ir	• partir ....
• salir	• dirigir	• venir ....

10.3. **Después de hacer el ejercicio anterior, responde.**

Los infinitivos que terminan en *-ar*, forman su participio ....
....

Los infinitivos que terminan en *-er*, forman su participio ....
....

Los infinitivos que terminan en *-ir*, forman su participio ....
....

10.4. **Relaciona cada infinitivo con su participio correspondiente.**

Romper	•	• resuelto
Ver	•	• roto
Decir	•	• hecho
Hacer	•	• cubierto
Poner	•	• visto
Abrir	•	• vuelto
Volver	•	• puesto
Descubrir	•	• muerto
Escribir	•	• descubierto
Morir	•	• abierto
Resolver	•	• dicho
Cubrir	•	• escrito

10.5. Completa la frase usando el pretérito perfecto.

1. Esta semana mi madre *(cocinar, ella)* .... todos los días.

2. Esta mañana el profesor de Matemáticas no *(venir, él)* .... a clase.

3. Hoy *(comer, nosotros)* .... con el director de la empresa.

4. No *(poder, yo)* .... decirle la verdad.

5. ¿*(Escribir, tú)* .... ya la redacción?

6. Juan y tú no *(tener, vosotros)* .... suerte con vuestro jefe.

7. *(Leer, yo)* .... el último libro de Eduardo Mendoza, es estupendo.

8. ¿*(Ver, usted)* .... a Carmen?

9. *(Trabajar, ellos)* .... muchísimo este año.

10. Últimamente, no *(hablar, nosotros)* .... mucho.

10.6. Completa la frase siguiendo el modelo (cambia el verbo a pretérito perfecto).

1. Siempre ceno a las nueve pero esta noche ....*he cenado*............ a las 10.

2. Todos los días como con Pablo pero hoy .... solo.

3. Nunca me levanto tarde pero hoy .... a las 11.

4. Daniel va al cine los domingos pero este domingo .... al teatro.

5. Nosotros hacemos gimnasia siempre pero esta mañana no ....

6. Ellos ponen la TV pronto pero esta tarde .... la TV a las 20:00.

7. Juana vuelve a casa todos los días sobre las 18:00 pero esta semana .... a las 21:00.

8. Normalmente en enero hace frío pero este año .... casi, casi calor.

9. Tú con frecuencia escribes artículos muy buenos pero este mes .... artículos horribles.

10. Vosotros siempre decís la verdad pero hace un momento .... una mentira.

10.7. Fíjate en el ejemplo y escribe las preguntas correspondientes.

Ejemplo: Escribir / tú una carta al director ....*¿Has escrito tú una carta al director?*....

1. Hablar / Julia con él ....

2. Ver / usted al jefe de departamento ....

3. Estar / vosotros en la agencia de viajes "Sueñotur" ....

4. Abrir / él la puerta principal ....

5. Escribir / ellos la crónica deportiva ....

6. Ir / tú últimamente al cine ....

7. Decir / ellas alguna cosa ....

8. Comentar / el telediario la noticia ....

9. Poner / Juan la tele ....

10. Leer / vosotros el periódico hoy ....

10.8. Responde a las preguntas del ejercicio anterior usando los marcadores *ya, aún, no todavía no*.

- Escribir / tú una carta al director

  ¿Has escrito tú una carta al director?............Sí, ya he escrito una carta al director...........

- Hablar / Julia con él

  .... No, todavía no ....

- Ver / usted al jefe de departamento

  .... No, aún no ....

- Estar / vosotros en la agencia de viajes "Sueñotur"

  .... Sí, ya ....

- Abrir / él la puerta principal

  .... Sí, ya ....

- Escribir / ellos la crónica deportiva

  .... No, todavía no ....

- Ir / tú últimamente al cine

  .... Sí, ya .... dos veces esta semana.

- Decir / ellas alguna cosa

  .... No, aún no .... nada.

- Comentar / el telediario de las 15:00 la noticia

  .... No, el telediario de las 15:00 aún ....

- Poner / Juan la tele

  .... Sí, ya ....

- Leer / vosotros el periódico hoy

  .... No, todavía no ....

10.9. Completa el texto con las formas verbales correspondientes. En el texto hay un error, ¡a ver si lo localizas!

¡Hoy ha sido un sábado...

Esta mañana *(levantarse, yo)* .... sobre las 8:00 horas. Lo primero que *(hacer, yo)* ....: darme una ducha. Después de la ducha *(desayunar, yo)* .... Me encanta desayunar tranquila los sábados. A las 9:00 me *(llamar, Marga)* ...., una amiga. *(Quedar, nosotras)* .... para tomar un café a las 10:00, en el bar de la playa. Marga y yo *(hablar)* .... un buen rato y nos *(despedir, nosotras)* .... hasta la noche, que vamos al teatro.

A las 12.00 *(ir, yo)* .... al mercado a hacer la compra. *(Comprar, yo)* .... un poco de pescado, verdura y jamón. A la 13.00 *(ver, yo)* .... a Carlos y a su hermano Alfonso. *(Tomar, nosotros)* .... el aperitivo juntos, son encantadores y muy guapos. *(Volver, yo)* .... a casa sobre las 14:00, *(hacer, yo)* .... la comida y después, el mayor placer del mundo: me *(echar, yo)* .... la siesta, ¡hasta las 17:00! A las 20:00 *(salir, yo)* .... de casa otra vez. Marga y yo *(quedar)* .... a la puerta del teatro para sacar las entradas de la obra *La casa de Bernarda Alba*. Antes de entrar *(cenar, nosotras)* .... en un restaurante italiano. La obra *(estar)* .... bien, aunque un poco larga. A las 2 de la madrugada me *(meter)* .... en la cama.

... un sábado normal!

10.10. He tenido un problema con el ordenador y las palabras del "TURISMO", de la "VIDA COTIDIANA" y de un "PERIÓDICO" de tres ejercicios se me han mezclado. ¿Puedes separarlas en tres grupos?

> levantarse • el editorial • sección internacional • ver la TV •
> comer con los compañeros • ir a trabajar • albergue •
> montaña • turismo rural • crónica • ducharse • mochila • hotel • titulares •
> la programación de TV • agencia • billete • noticia • hacer la cena •
> excursión • artículo de opinión • redactor • leer el periódico

Turismo	Vida cotidiana	Periódico
....	....	....
....	....	....
....	....	....
....	....	....
....	....	....
....	....	....
....	....	....
....	....	....

10.11. Adecuación a la situación. Elige la opción correcta según el contexto.

1. ▷ ¡Hola Carmen! ¿Qué tal?

▶ Regular.

▷ ¿Por qué? ¿Qué pasa?

▶ Nada importante, Carmen, tranquila. Lo que pasa es que,

   a) ☐ mi autobús pasa hace 5 minutos.

   b) ☐ mi autobús ha pasado hace 5 minutos.

   c) ☐ mi autobús va a pasar hace 5 minutos.

y voy a llegar tarde al trabajo.

2. Me encanta el cine, esta semana,

   a) ☐ he ido un par de veces.

   b) ☐ he sido un par de veces.

   c) ☐ he visto un par de veces.

3. ▷ Lola, ¿has estado alguna vez en Latinoamérica?,

   a) ☐ sí, todavía no he estado.

   b) ☐ no, aún he estado.

   c) ☐ sí, ya he estado.

4. ▷ El pretérito perfecto no parece muy difícil.

▶ No lo es. Mira, podemos usar los marcadores siguientes:

   a) ☐ esta mañana.

   b) ☐ hace un rato.

   c) ☐ este fin de semana.

   d) ☐ ayer.

   e) ☐ últimamente.

▷ Creo que hay uno que no podemos usar.

▶ Es verdad, es ....

5. ▶ Juan es incorregible, siempre llega tarde.

▷ Mira, por ahí viene, a ver qué excusa nos dice esta vez.

▶ Hola a todos,

a) ☐ lo siento chicos, de verdad, he tenido un accidente con la moto y ....

b) ☐ he tenido un accidente con la moto y ....

c) ☐ ¿dónde vamos a cenar hoy?

10.12. **Lee esta noticia.**

DESCUBIERTA LA PÍLDORA DE LA JUVENTUD ETERNA

Se vende en farmacias y su precio es reducido. Esta mañana cientos de personas han hecho cola en las puertas de las farmacias de toda España para comprar la nueva "Piljoven". Se trata de un comprimido efervescente que se recomienda tomar en ayunas, es decir, antes de la primera comida del día, y otro a última hora, antes de acostarse. El resultado se empieza a notar después de unas cuatro semanas de utilización; los expertos dicen que han comprobado sus sorprendentes y rápidos efectos en animales, y después en algunas personas, que han quedado muy satisfechas. Por el momento no se han producido efectos secundarios, pero todavía es pronto para saber si tiene o no. Uno de los consumidores ha declarado: "He notado los resultados progresivamente: en primer lugar, las arrugas de la cara me han disminuido; en segundo lugar me ha proporcionado elasticidad en el cuerpo y en tercer lugar, ha aparecido una sensación de energía y vitalidad, en definitiva, juventud. Estoy muy contenta y me siento como una niña...". Farmacéuticos e investigadores creen que va a ser el mayor descubrimiento del siglo XXI y que millones de personas en el mundo van a consumir esta píldora.

10.13. **Di si estas afirmaciones son verdaderas o falsas.**

	verdadero	falso
1. La píldora de la juventud se ha probado en muchas personas antes de salir al mercado.	☐	☐
2. Aún no se han descubierto los efectos secundarios que puede tener esta píldora.	☐	☐
3. Muchas personas quieren comprarla pero tienen miedo.	☐	☐
4. Se debe tomar dos comprimidos al día.	☐	☐
5. Los resultados se ven a las cinco o seis semanas.	☐	☐

10.14. **Busca un antónimo (palabra que significa lo contrario) en el texto.**

• vejez ....

• han aumentado ....

• cansancio ....

• tarde ....

10.15. **Ahora busca un sinónimo (palabra con significado similar).**

• pastilla ....

• feliz ....

• movilidad ....

• se aconseja ....

10.16. Coloca correctamente en el cuadro las piezas y descubre un fragmento del poema *Soledades* de Antonio Machado.

Antonio Machado: poeta español (1875-1939); *Soledades* y *Campos de Castilla* son algunas de sus obras poéticas más conocidas. Vive en Madrid durante la República y se exilia a Francia, en Colliure, pequeño pueblo donde pasa sus últimos años.

Unidad 11

11.1. Lee el siguiente texto sobre los hábitos de los jóvenes españoles y completa los huecos con la forma de presente de los verbos del cuadro.

> preferir (2) • mantenerse • levantarse (3) • gastar • haber
> decir • irse • mostrar • acostarse • seguir

Según un estudio del Instituto de la Juventud (Injuve), realizado entre 1200 españoles de 14 a 24 años, la actividad preferida por los jóvenes españoles para su tiempo libre es practicar deportes. Además del deporte, las actividades que los chicos y chicas españolas **(1)** .... son: ver la televisión, tomar copas, charlar con amigos, pasear, estudiar o trabajar. Prácticamente la mitad de los entrevistados consume bebidas alcohólicas algún día de la semana. Según los autores del estudio **(2)** .... dos grupos: uno que bebe mucho y otro que bebe poco.

El 62% vive de los recursos económicos de otras personas y el 9,6% **(3)** .... principalmente con sus propios recursos económicos y alguna ayuda de los padres. Solo el 9,8% vive de sus propios recursos. Los jóvenes **(4)** .... su dinero en: ropa, salir con los amigos, comer fuera de casa y en automoción. El 12,3% de los jóvenes **(5)** .... a vivir con su pareja a una vivienda independiente a los 23 ó 24 años, un 4% comparte casa con amigos y un 78,5% **(6)** .... viviendo con su familia hasta pasados los treinta.

Los jóvenes **(7)** .... poco interés por situarse ideológicamente. En una escala del 1 al 7 (en el 1 se sitúa la ideología de izquierdas y en el 7, la de derechas), el 35% **(8)** .... que no se sitúa en ninguna parte y el 13,4% **(9)** .... no contestar. Entre los que sí lo hacen (el 51,5%), la gran mayoría (un 67%) se sitúa en el centro, un 23% dice que es de ideología de izquierdas y un 10% de derechas.

En cuanto a los hábitos de horarios, la hora media de levantarse los días laborables son las nueve de la mañana, aunque un 33% **(10)** .... antes de las ocho. Los sábados **(11)** .... una hora y media después que los días laborables. Los domingos **(12)** .... por término medio a las once de la mañana, aunque un 10,7% lo hace después de las dos de la tarde. La hora media a la que **(13)** .... no es muy tardía: a las doce de la noche los días laborables; a la 1, el sábado; y a las doce, el domingo.

11.2. Escribe la forma correcta del presente de indicativo de los verbos entre paréntesis.

1. Los días de diario nos *(acostar)* a las once.

....

2. Los locales de copas no *(cerrar)* hasta las tres.

....

3. Cuando bebo mucho, al día siguiente *(tener)* resaca.

....

4. En España, las madres *(proteger)* demasiado a sus hijos.

....

5. Yo *(preferir)* el cine a las discotecas.

....

6. Me *(divertir)* mucho los videojuegos.

....

7. Nosotros *(pensar)* que es importante tener una carrera universitaria.

....

8. Algunos jóvenes *(oler)* mal.

....

9. No *(recordar)* mi primer beso.

....

10. Pagar el alquiler de un piso en España *(costar)* muy caro.

....

11.3. Completa.

	Oler	Soler	Acostarse
Yo	....	....	....
Tú	....	....	....
Él/ella/usted	huele	....	....
Nosotros/as	....	solemos	....
Vosotros/as	....	....	....
Ellos/as/ustedes	....	....	se acuestan

	Vestirse	Seguir	Repetir
Yo	....	....	....
Tú	....	....	....
Él/ella/usted	se viste	....	....
Nosotros/as	....	seguimos	....
Vosotros/as	....	....	....
Ellos/as/ustedes	....	....	repiten

	Huir	Reconocer	Valer
Yo	....	....	valgo
Tú	....	....	....
Él/ella/usted	huye	....	....
Nosotros/as	....	reconocemos	....
Vosotros/as	....	....	....
Ellos/as/ustedes	....	....	....

11.4. Completa con la forma correcta del presente.

1. Lola *(despertarse)* .... casi siempre a las siete.

2. Normalmente *(yo, ducharse)* .... pero los fines de semana *(yo, bañarse)* ....·

3. Alejandro y Vanesa *(salir)* .... este domingo para Portugal.

4. Nunca *(yo, ir)* .... al teatro porque no *(gustar)* ....

5. Sara *(tener)* .... dos hermanos mayores.

6. El profesor siempre *(corregir)*........................ los ejercicios en la pizarra.

7. ¿Qué *(tú, querer)* .... de beber? Yo *(preferir)* .... una cerveza.

8. En vacaciones nunca *(yo, acostarse)* .... antes de las dos.

9. Luisa *(trabajar)* .... mucho y *(dormir)* .... poco, *(yo, estar)* .... preocupado por ella.

10. ¿Qué *(vosotros, pedir)* ....? Yo, unos canelones.

11. Cuando *(yo, venir)* .... a este restaurante *(yo, pedir)* .... tortilla porque *(estar)* .... muy buena.

12. Paco y Juan *(jugar)* .... al fútbol desde los diez años.

13. Hablas muy mal, yo no *(decir)* .... palabrotas: es vulgar.

14. ¿A qué hora *(tú, empezar)* .... a trabajar?

15. Carlos *(sentirse)* ....mal, *(yo, creer)* .... que *(él, estar)* .... enfermo.

16. ¿Por qué no *(tú, sentarse)* .... bien? Después *(a ti, doler)* .... la espalda.

17. No *(yo, soler)* .... tomar café después de cenar porque luego no *(yo, poder)* .... dormir.

18. ¿Qué día *(tú, comenzar)* .... la universidad?

19. ¿Cuánto *(costar)* .... los pantalones?

20. Las historias que *(tú, contar)* .... son divertidísimas.

21. No *(yo, encontrar)* .... mis gafas de sol, ¿*(tú, saber)* .... dónde *(ellas, estar)* ....?

22. *(yo, Conocer)* .... a un chico que *(él, saber)* .... hablar suomi.

23. Para venir a la escuela *(yo, coger)* .... la línea dos y *(yo, hacer)* .... transbordo en Diego de León.

24. Casi todos los días *(yo, poner)* .... la radio un rato, *(a mí, gustar)* ....

25. Jaime *(soñar)* .... con tener una casa cerca del mar pero todavía no *(él, tener)* .... suficiente dinero para comprarla.

26. No *(yo, saber)* .... cantar pero Álvaro *(cantar)* .... fenomenal.

27. ¿*(tú, Poder)* .... pasarme la sal? La paella *(estar)* .... sosa.

28. Mis compañeros de piso nunca *(acordarse)* .... de regar las plantas y todas *(estar)* .... secas.

29. *(yo, Recordar)* .... muy bien el verano del 99 en Mallorca, sobre todo las puestas de sol, tan bonitas.

30. Gloria *(competir)* .... este fin de semana en Berlín por la medalla de oro en 400 metros.

11.5. Forma una oración uniendo las dos frases con un pronombre relativo (*que* o *donde*) y numera cada definición.

12	**a.** Órgano, de titularidad pública o privada, ...que...... informa y entretiene a la audiencia.
1	**b.** Programa .....donde..... se emiten las últimas noticias.
	c. Persona .... ve la televisión.
	d. Conjunto de programas .... retransmiten por radio y televisión.
	e. Filmación .... podemos ver en el cine.
	f. Prueba .... varios candidatos compiten para conseguir un premio.
	g. Serie .... se emite por capítulos por televisión.
	h. Discusión .... se realiza acerca de un tema.
	i. Persona .... escucha la radio.
	j. Persona .... paga para ver un canal codificado.
	k. Conjunto de personas .... atiende un programa de radio o TV en un momento dado.
	l. Programa .... cuenta cómo viven los animales, cómo es una cultura determinada, etc.
	m. Banda de frecuencia .... emite una estación de televisión o radio.
	n. Espacio televisivo o radiofónico .... se publicitan productos que se quieren vender.

☑ **1.** Informativo   ☐ **6.** Concurso   ☐ **11.** Debate
☐ **2.** Oyente   ☐ **7.** Canal   ☑ **12.** Medio de comunicación
☐ **3.** Documental   ☐ **8.** Programación   ☐ **13.** Anuncio de publicidad
☐ **4.** Película   ☐ **9.** Telespectador   ☐ **14.** Telenovela
☐ **5.** Abonado   ☐ **10.** Audiencia

11.6. **a. Completa el siguiente texto con los nexos convenientes.**

> **para empezar • asimismo • por otra (parte) • por tanto**
> **en resumen • por una parte • sin embargo**

Es curioso lo mucho que nos besamos en España. **(1)** ...., las mujeres siempre nos besamos, y entre hombres y mujeres casi siempre, con la única excepción de aquellas ocasiones demasiado formales. **(2)** ...., los hombres, si no son muy amigos o familia, solo se dan la mano o un abrazo.

(3) .... los españoles siempre hemos sido muy tocones, para bien y para mal. Me refiero a que, **(4)** ...., nuestro contacto físico puede resultar cariñoso y simpático, pero, **(5)** ...., puede parecer invasor, sobre todo cuando te empujan por la calle y ni siquiera te piden disculpas.

Nuestros vecinos franceses también se besan al despedirse o encontrarse, pero parece que solo lo hacen si son muy amigos. Los anglosajones, alemanes o nórdicos se limitan a darse la mano y, **(6)** ...., si te lanzas al cuello de un hombre de una de estas nacionalidades, se queda muy sorprendido. **(7)** ...., los roces y el besuqueo son habituales en nuestra cultura, mucho más que en casi todos los pueblos que conozco.

Adaptado de Rosa Montero, *Besos y otras cosas.*

b. Lee de nuevo el texto y contesta a las siguientes preguntas con verdadero o falso.

	Verdadero	Falso
1. Para saludarse, los hombres suelen darse la mano, excepto cuando son muy amigos.	☐	☐
2. Los españoles casi nunca se tocan.	☐	☐
3. A veces los españoles empujan cuando van por la calle y no piden perdón.	☐	☐
4. Los españoles no son tan fríos como otros europeos.	☐	☐

11.7. **Lee el texto y señala las formas del imperativo que encuentres.**

Ana: No sé qué hacer contra el insomnio.

Julia: ¿No duermes bien?

Ana: Fatal. Hace un año que duermo muy mal.

Julia: Pues **mira**, te voy a dar unos consejos. Cena pronto, entre las 8 y las 9 de la noche. Da un paseo después de cenar de unos 20 minutos. Al volver a casa, toma un baño de agua caliente y sales minerales. Lee un poco, no mucho tiempo. Toma una infusión relajante antes de irte a dormir. Deja los problemas fuera del dormitorio. En la cama, piensa en cosas positivas, nunca en problemas. Apaga la luz y respira profundamente.

Ana: ¿Estás segura de que funciona?

Julia: Por supuesto, ya me contarás.

.............mira..................   ....

....

....

....

11.8. **Escribe el infinitivo correspondiente a los imperativos señalados anteriormente.**

Ejemplo: *mira* ➜ mirar

....

....

....

11.9. **Completa el cuadro con las formas del imperativo que faltan.**

TÚ	....	come	....	....	....	....	....	escribe	....	....	oye
VOSOTROS/AS	trabajad	....	....	....	....	leed	....	....	....	....	....
USTED	....	....	corra	suba	....	....	....	pregunte	....	....	
USTEDES	....	....	....	....	canten	....	vean	....	....	vayan	....

11.10. **Relaciona cada forma de imperativo con el infinitivo correspondiente.**

Pon/poned   •   • salir

Ve/id   •   • tener

Ten/tened   •   • poner

Oye/oíd   •   • decir

Sal/salid   •   • ir

Di/decid   •   • oír

11.11. Escribe ahora la forma de *usted* y *ustedes* de los infinitivos anteriores.

	USTED	USTEDES
• Salir	....	....
• Tener	....	....
• Poner	....	....
• Decir	....	....
• Ir	....	....
• Oír	....	....

11.12. Completa las frases usando la forma correcta de imperativo.

1. Juan *(abrir, tú)* .... la ventana que hace mucho calor.

2. *(Sentarse, usted)* .... que ahora hablamos.

3. *(Escuchar, vosotros)* .... que ruido más extraño.

4. *(Descansar, tú)* .... y mañana estarás mejor.

5. *(Coger, ustedes)* .... el autobús n.º 12 hasta la Plaza Real, *(bajar, ustedes)* .... y a cinco minutos está la cafetería "La Luna", *(esperar, ustedes)* .... allí.

6. Aquí no se puede fumar, *(apagar, vosotros)* .... el cigarrillo.

7. *(Mirar, tú)* .... qué bonito.

8. *(Tomar, usted)* .... un poco más de tarta.

9. *(Leer, vosotros)* .... este libro si podéis, es buenísimo.

10. *(Decir, ustedes)* .... la verdad, es lo mejor.

11.13. Escribe las funciones que tiene el imperativo en cada frase.

1. Orden..	**6.** ....
2.	**7.** ....
3.	**8.** ....
4.	**9.** ....
5.	**10.** ....

11.14. Utiliza el imperativo más el pronombre correspondiente.

A. Usa la forma *tú*.
Ejemplo: *Coge un plano.* → cógelo

B. Transforma ahora las frases en la forma *usted*.
Ejemplo: *Coge un plano.* → cójalo

A	B
• Abre la puerta.	....
• Cierra el balcón.	....
• Pon la mesa.	....
• Haz los deberes.	....
• Lee el periódico.	....
• Cruza la avenida...................................	....
• Bebe la cerveza.	....
• Pregunta la dirección............................	....
• Mira los edificios.	....

Unidad 12

12.1. Elige la opción correcta.

1. Este *es/está* Luis, *es/está* el hermano de Alberto.

2. ¿Dónde *son/están* mis gafas? No las encuentro.

3. Juan *es/está* muy alegre pero últimamente *es/está* triste. ¿Tiene algún problema?

4. En invierno a las seis de la tarde ya *es/está* de noche.

5. *Es/Está* muy agradable tomar un café después de trabajar.

6. ¿Conoces a Inma? *Es/Está* una chica rubia y delgada que vive en el tercero.

7. ▷ ¿Y el niño?
   ► *Es/Está* dormido desde hace una hora.

8. Jaime *es/está* viendo la televisión en el salón.

9. Este arroz *es/está* muy bien hecho.

10. Laura no encuentra el trabajo que quiere y *es/está* de teleoperadora.

11. ▷ ¿A qué día *somos/estamos*?
    ► A diecisiete, mañana *es/está* dieciocho.

12. Carlos *es/está* uruguayo pero ha pedido la nacionalidad española.

13. El concierto *es/está* mañana a las ocho en el Estadio Olímpico.

14. La cocina del piso de María *es/está* azul y *es/está* muy bonita.

15. Yo *soy/estoy* abogado pero trabajo en una oficina de turismo.

16. La calle Lorca *es/está* cerca del metro Tetuán.

17. ¡Qué triste! Ya *somos/estamos* en invierno.

18. ▷ ¿Qué hora *es/está*?
    ► *Son/Están* las cuatro.

19. Alba *es/está* muy simpática pero no *es/está* así normalmente. ¡Qué extraño!

20. El programa *es/está* en la primera cadena.

21. La maleta no *es/está* bastante grande.

12.2. Completa las siguientes oraciones con el verbo *ser* o *estar*.

1. La última novela de Márquez .... mala, no .... interesante.

2. ▷ ¡Rápido, que vamos a llegar tarde!
   ► Tranquilo, ya .... listo, nos podemos ir.

3. ¿.................. verdes esos plátanos? Porque los quiero maduros.

4. Juan .... muy listo, no estudia nunca y saca buenas notas.

5. Me gusta el norte de España porque .... muy verde.

6. Sonia .... muy cerrada, nunca habla con casi nadie.

7. No puedo abrir el cajón, ... cerrado y no tengo la llave.

8. Los ojos de Sofía .... negros, muy bonitos.

9. ¡Qué envidia! Susana .... negra, porque .... todos los días en la playa.

10. Hoy Javier no sale con nosotros porque .... malo, tiene fiebre.

11. Este chocolate .... muy rico, se nota que es belga.

12. No me gusta ese grupo de rock, ... malísimo; no sé por qué tiene tanto éxito.

13. Dicen que los españoles .... muy abiertos pero creo que depende más del carácter de las personas.

14. ¿Puedes cerrar la ventana del salón? .... abierta y tengo frío.

15. ¡No te comas esas fresas! .... malas.

16. Quique .... negro de trabajar tanto, necesita unas vacaciones.

17. Paula .... muy rica, su padre es un gran empresario.

18. ¡Qué rico .... este café! ¿Dónde lo compras?

19. Voy a suspender el examen, ... muy verde porque no he estudiado casi nada.

20. El vino francés .... muy bueno, pero el español también y no .... tan conocido.

21. La cocina .... negra, ¡nadie limpia nunca en esta casa! .... negra, no pienso hacerlo todo yo.

22. Este queso no .... malo pero .... malo.

23. Esa camiseta .... verde claro y, por eso, no me la pongo nunca.

24. ¿.................. cerrado el cibercafé? Porque quiero meterme en Internet.

25. Antonio Banderas debe de .... muy rico: trabaja en Hollywood.

26. Ese jamón debe de .... muy rico: es de Jabugo.

27. Ese niño .... muy malo. Siempre está pegando a su hermano.

28. .... malo. Me duele mucho el estómago.

29. Llevo dos horas esperando a Juan. .... negra.

30. Esta paella .... muy buena, este arroz .... mejor que el que compras tú.

12.3. **Completa con los verbos *ser* y *estar*, según convenga.**

Querido Enrique:

No voy a poder ir a Málaga porque **(1)** .... mala. Tengo un resfriado de película. Si **(2)** .... mejor el próximo fin de semana, prometo ir a visitarte. Mientras tanto, me paso el día en la cama viendo muchos DVD y bebiendo leche con miel. **(3)** .... negra de tanto reposo. Esta tarde he visto una película titulada *Irreversible*. No te la recomiendo; **(4)** .... muy mala. Sin embargo, esta semana también he visto *Moulin Rouge* y **(5)** .... muy bien, me he divertido mucho viéndola. Una cosa más. Hoy he hablado con Carlos, que ahora **(6)** .... en Londres estudiando inglés. Dice que la escuela **(7)** .... muy buena y que la ciudad le gusta pero que, sin embargo, él **(8)** .... muy mal porque nos echa mucho de menos. Y que además **(9)** .... muy verde con el idioma porque los ingleses hablan demasiado rápido y él no entiende nada. Ya sabes que además Carlos **(10)** .... un poco cerrado.

Bueno, espero poder visitarte pronto.

Un beso muy grande, Lucía.

12.4. **Completa las oraciones con la preposición adecuada a cada verbo de movimiento (a/de/en).**

1. Yo voy ......a...... la escuela ......a...... pie.

2. Me voy .... Barcelona la próxima semana, para ir .... París, a un gran congreso.

3. Salgo el viernes .... Barcelona y llego .... Montevideo el sábado por la mañana.

4. Mi hermano viene .... Girona el miércoles. Está viviendo allí desde hace dos años y está deseando conocer Madrid.

5. El avión que ha aterrizado llega .... Londres.

6. (Por teléfono) ¿Vienes .... mi fiesta de cumpleaños?

7. Normalmente voy .... el trabajo .... coche.

¿Origen o destino?

1. Voy ⊡a⊡ Murcia desde Madrid: expresa ....destino..

2. ¡Me voy ⊡de⊡ aquí! ¡No aguanto más!: expresa ....

3. ▷ ¿A qué hora te vas?

   ▶ Salgo ⊡del⊡ aeropuerto a las 21 h: expresa ....

4. ¿⊡De⊡ dónde vienes?: expresa ....

5. Ya he llegado ⊡a⊡ casa. ¡Qué bien!: expresa ....

12.5. **Corrige, o suprime, si es necesario, las preposiciones incorrectas.**

1. Esta mañana he ido en casa de Juan y no lo he encontrado.
   ....

2. El avión que acaba de despegar llega a Madrid a las tres.
   ....

3. El avión que está aterrizando llega a Moscú.
   ....

4. Me gusta ir en pie a la escuela.
   ....

5. Estoy enamorado con Luisa.
   ....

6. Este regalo es para ti.
   ....

7. Normalmente sueño en árboles y jirafas.
   ....

8. Necesito de ir al baño.
   ....

9. ▷ ¿De dónde vienes?
   ▶ Vengo a la playa.
   ....

10. Nunca he estado a Cuba.
    ....

11. Después de 4 meses vuelvo en Holanda.

....

12. Los ejercicios son por mañana.

....

13. Voy a pasar en Barcelona por unos días.

....

14. Susana va con metro todos los días.

....

15. No estoy con acuerdo con Luis.

....

12.6. **En las siguientes conversaciones, escoge el verbo que debes usar en cada situación y conjúgalo en presente.**

> **quedar • poner • vestirse • ponerse**

1. ▷ No sé qué .... para la fiesta de mañana.

▶ ¿Por qué no .... el vestido azul?

▷ Es que no .... bien.

> **quedar • quedarse**

2. ▷ ¿Qué haces esta noche?

▶ Pues nada, no tengo planes.

▷ ¿.................. para tomar algo?

▶ Vale, ¿dónde ....?

▷ Pues... en la puerta de tu casa.

▶ ¿Y por qué no .... allí toda la noche y vemos una peli?

> **vestirse • ponerse**

3. ▷ ¡María! ¡Son las ocho y media! ¿Es que hoy no piensas ....? ¡Vas a llegar tarde al colegio!

▶ Ya voy, ya voy...

> **quedar • quedarse**

4. ▷ ¿Cuándo coges las vacaciones?

▶ La semana que viene.

▷ ¡Qué bien! ¿Y qué vas a hacer?

▶ Pues nada especial. Voy a .... en casa porque no tengo pelas.

▷ ¡Vaya!

> **cambiarse • mudarse • trasladarse**

5. ▷ ¿Sabes algo de Ana?

▶ Pues sí, el próximo fin de semana .... de piso.

▷ ¿Sí? Pues no entiendo por qué .... Su piso es muy grande, tiene mucha luz y está muy bien comunicado.

▶ Es que su empresa .... a las afueras de la ciudad. Además, ya sabes que a ella no le gusta vivir en el centro.

poner • colocar

6. ▷ ¿Por qué nunca .... las cosas en su sitio?

▶ Porque no tengo tiempo.

▷ Pues no es necesario mucho tiempo para .... los libros en la estantería.

▶ Vale, vale...

▷ Bueno, no vamos a discutir otra vez. Voy a .... la mesa. Vamos a cenar.

introducir • meter

7. ▷ No entiendo cómo funciona esta máquina. ¡Qué complicada es!

▶ A ver... Aquí dice: "................. la tarjeta...".

▷ Pero... es lo que estoy haciendo, ¿no?

▶ Pues sí. Yo creo que no funciona bien. ¿Por qué no la .... por el otro lado?

hacer regalos • regalar

8. ▷ ¿Qué les vas a .... a tus padres estas Navidades?

▶ Yo nunca .... No tengo pelas.

12.7. **Completa la siguiente conversación telefónica usando las formas del presente de los verbos que están entre paréntesis.**

▷ ¿Sí?

▶ ¿**(1)** *(Estar)* .... María?

▷ Sí, **(2)** *(ser)* .... yo. ¿Quién **(3)** *(ser)* ....?

▶ ¡**(4)** *(Ser)* .... Ana! ¿No me **(5)** *(reconocer)* ....? ¿Cómo **(6)** *(estar)* .... ?

▷ ¿Ana?... ¡Ana! Claro que te **(7)** *(reconocer)* .... ¿Cómo **(8)** *(estar)* ....?

▶ Pues, **(9)** *(estar)* .... muy bien. Y **(10)** *(parecer)* .... que tú también. Te **(11)** *(oír)* .... muy bien, muy animada.

▷ Pues sí. La verdad **(12)** *(ser)* .... que **(13)** *(estar)* .... contentísima porque **(14)** *(acabar)* .... de encontrar un trabajo justamente hoy.

▶ ¡Vaya! ¡**(15)** *(alegrarse)* .... muchísimo! ¿Y cuándo **(16)** *(empezar)* ....?

▷ Pues todavía no lo **(17)** *(saber)* .... **(18)** *(Tener)* .... que llamar mañana. **(19)** *(Suponer)* .... que **(20)** *(empezar)* .... la semana que viene. ¿Y a ti? ¿Cómo te **(21)** *(ir)* ....?

▶ Pues bien. **(22)** *(Seguir)* .... trabajando en la misma empresa. ¿**(23)** *(Acordarse)* ....?

▷ Claro. ¿Y **(24)** *(tener)* .... tanto trabajo como antes?

▶ ¡Uf! Mucho más, no **(25)** *(poder, tú)* .... ni imaginarlo. **(26)** *(Ser)* .... que ahora también **(27)** *(atender)* .... el teléfono, **(28)** *(hacer)* .... facturas, **(29)** *(pedir)* .... presupuestos... Pero bueno, no **(30)** *(quejarse)* ...., **(31)** *(estar, yo)* .... mucho más distraída y, por lo menos, **(32)** *(entretenerse)* .... más que antes.

▷ ¡Pues **(33)** *(alegrarse)* .... por ti!

▶ Gracias. ¡Oye! ¿Por qué no **(34)** *(quedar)* .... un día de estos? **(35)** *(Hacer)* .... mucho tiempo que no **(36)** *(verse, nosotros)* ....

▷ Vale. ¿**(37)** *(Parecer)* .... bien el martes a las seis en el Zurich?

▶ ¡Perfecto! Pues... **(38)** *(Verse)* .... el martes. Un beso.

▷ Un beso.

12.8. Completa las oraciones con uno de los siguientes adjetivos en el género y número adecuado.

> rico • cerrado • negro • bueno • abierto

1. Bill Gates es ....

2. El carbón es ....

3. El bar está .... Abre a las diez.

4. Ella es muy .... Habla con todo el mundo.

5. La biblioteca está ....; puedes entrar.

6. Los caracoles están muy ....

7. Mi padre es ....; siempre ayuda a los demás.

8. Tu comida está ....

9. Tu novio es .... Nunca habla con nadie.

12.9. Lee el siguiente poema infantil de Gloria Fuertes y elije las preposiciones adecuadas.

– ¿Dónde vas carpintero
con la nevada?
– Voy **(1)** *en el/al* monte a por leña
para dos tablas.
– ¿Dónde vas carpintero
con esta helada?
– Voy **(2)** *en el/al* monte por leña,
mi Padre aguarda.

– ¿Dónde vas con tu amor
Niño del Alba?
– Voy **(3)** *a/en* salvar **(4)** *en/a* todos
los que no me aman.
– ¿Dónde vas carpintero
tan de mañana?
– Yo me marcho **(5)** *a/en* la guerra
(6) *para/por* pararla.

Unidad 13

13.1. Coloca el participio que falta en cada oración.

> descubrir • poner • decir • morir • romper
> hacer • describir • volver • abrir • ver

1. ¿Por qué **has** ......abierto........ la puerta? Hace frío.
2. ¿Quién **ha** .... los libros sobre la cama?
3. ¿Quién te **ha** .... eso? Es mentira.
4. El niño **ha** .... el juguete.
5. El testigo **ha** .... al ladrón.
6. Este pastel lo **ha** .... mi madre. Cocina muy bien.
7. **Han** .... una nueva vacuna.
8. Jamás **han** ....el mar.
9. La abuela de Juan se **ha** ....·
10. Rosa **ha** .... de Chile.

13.2. Coloca los siguientes verbos en el lugar correspondiente.

> beber • explicar • tener • decir • sonreír • invitar • prestar
> encender • robar • pensar • saludar • pedir • saber • hacer • matar

Verbo + *algo*	Verbo + *a alguien*	Verbo + *algo* + *a alguien*
querer	llamar	enviar

13.3. Responde a las siguientes preguntas con *ya* o *todavía no*. Sustituye el objeto por el pronombre cuando sea necesario.

Ejemplo: ¿Has visitado ya el Palacio de la Música?

No, todavía no lo he visitado. / *No, no lo* he visitado *todavía*.
Sí, ya lo he visitado.

1. ¿Has probado las ostras que ha traído María?
   No,...

2. ¿Has regado las plantas?
   Sí,...

3. ¿Has llamado a tu madre?

Sí,...

4. ¿Habéis escrito el informe?

No,..

5. ¿Ha hecho Pedro los deberes?

Sí,...

6. ¿Has limpiado el jardín?

No,..

7. ¿Habéis comprado el pan?

No,..

8. ¿Han venido los pintores?

Sí,...

9. ¿Has sacado la basura?

Sí,...

10. ¿Has estado en Rumanía?

Sí,...

13.4. **Completa con los pronombres de objeto directo y objeto indirecto adecuados.**

1. ¿Le has devuelto las llaves a Ana?

No, todavía no .... he devuelto.

2. ¿Me has comprado lo que te he pedido?

Sí, ya .... he comprado.

3. ¿Has encontrado el libro de Juan?

No, no he podido encontrar ....

4. ¿Nos han traído el informe?

Sí, ... han traído.

5. ¿Nos habéis conseguido entradas?

Claro que .... hemos conseguido.

6. ¿Os ha aprobado la profesora el examen?

Sí, ... ha aprobado.

7. ¿Le has pedido a Pablo su ordenador?

Finalmente no .... he pedido.

8. ¿Qué le has comprado a tu madre?

.... he comprado un perfume.

9. ¿Has visto la película?

Todavía no .... he visto.

10. Me has roto mi camisa.

No, yo no .... he roto.

13.5. **Redacta las frases transformando los complementos en pronombres.**

Ejemplo: *Le he comprado* $\overline{\text{un pantalón}}^{\text{O.D}}$ $\overline{\text{a mi marido}}^{\text{O.I}}$.

................*Se lo he comprado.*...

1. Les he prometido hacerlo a mis padres.

....

2. ¿Puedes ayudar a mi hermana?

....

3. Nos hemos comprado un piso nuevo.

....

4. Juan ha llamado a Jesús y le ha pedido dinero.

....

5. Necesito tomar la pastilla antes de ir a dormir.

....

6. Mis amigos me han organizado una fiesta.

....

7. Tengo que fotocopiar estos apuntes.

....

8. Le he dicho que no puedo ir y se ha enfadado.

....

9. ¿Os ha traído el pan el camarero?

....

10. ¿Nos ha devuelto la revista María?

....

13.6. **a. Coloca las expresiones de valoración en la casilla correspondiente.**

¿Qué te ha parecido la nueva película de Julio Medem?

> normal • estupenda • ni fu ni fa • fantástica • un bodrio • así así •
> aburridísima • horrible • increíble • muy mala • genial

☺	☻	☹

¿Cómo te lo has pasado en la fiesta?

> de fábula • regular • de pena • ni fu ni fa • horrible • de muerte •
> bomba • fatal • de vicio • muy bien • más o menos • de miedo

☺	☻	☹

b. Coloca cada expresión de valoración en la oración correspondiente.

> ni fu ni fa • fantástico • un bodrio • aburridísima • de muerte

1. He ido a ver una película y no me ha gustado nada. Me ha parecido ....

2. Voy al gimnasio todos los días. Tengo muchos amigos y me lo paso ....

3. Jorge me ha enseñado hoy su coche nuevo. Bueno, nada muy especial, ...

4. Ayer tuvimos una reunión de empresa que duró cuatro horas. Casi me duermo. Fue ....

5. Me he comprado un ordenador. Estoy tan contenta. Tiene mucha memoria. ¡Es...................!

13.7. **a. Completa el siguiente texto con las formas correctas del pretérito perfecto.**

Querido Mario:

¿Cómo estás? Ya sabes que estoy haciendo un viaje por Andalucía con Clara. Llevamos cuatro días en Granada, que es una ciudad preciosa y, la verdad, nos lo estamos pasando de maravilla aunque **(1)** *(tener, nosotros)* .... algunos problemas. Estamos alojados en un hotel del centro de Granada bastante barato y, hasta hoy, **(2)** *(salir, nosotros)* .... casi todas las noches de bares y discotecas, y **(3)** *(bailar, nosotros)* .... un montón, hay mucho ambiente y los garitos cierran tarde, a las tres o las cuatro, así que **(4)** *(dormir, nosotros)* .... muy poco y **(5)** *(acostarse, nosotros)* .... a las tantas. **(6)** *(Ser)* .... muy divertido.

Ya **(7)** *(ver, nosotros)* .... La Alhambra que es preciosa, aunque está llena de turistas pero todavía no **(8)** *(entrar, nosotros)* .... en los tablaos flamencos del Sacromonte que nos **(9)** *(decir, ellos)* .... que son estupendos, pero es que no **(10)** *(tener, nosotros)* .... tiempo porque **(11)** *(conocer, nosotros)* .... a unos granadinos simpatiquísimos que nos **(12)** *(llevar, ellos)* .... a los mejores lugares de Granada. Aquí cocinan de muerte y creo que **(13)** *(engordar, yo)* .... dos kilos porque no **(14)** *(parar, yo)* .... de comer. A partir de hoy estoy a régimen.

Hoy, sin embargo **(15)** *(ser, él)* .... un día de pena, nos **(16)** *(pasar, él)* .... de todo: primero **(17)** *(desayunar, nosotros)* .... en una terraza y me **(18)** *(robar, ellos)* .... la mochila con mi documentación y mi tarjeta de crédito; **(19)** *(ir, nosotros)* .... a la comisaría y **(20)** *(poner, yo)* .... una denuncia; más tarde **(21)** *(ir, nosotros)* .... a pasear por los jardines del Generalife y dos hombres nos **(22)** *(atracar, ellos)* .... y Clara les **(23)** *(dar, ella)* .... los cincuenta euros que teníamos y, por último, **(24)** *(perder, ella)* .... las llaves del coche. Así que estamos pobres como las ratas y sin poder salir de la ciudad en un par de días, pero no te preocupes porque todo se va a solucionar. Y tú, ¿qué **(25)** *(hacer, tú)* .... estos días? Nos vemos muy pronto.

Un abrazo,

Darío

b. Di si las siguientes afirmaciones son verdaderas o falsas.

	Verdadero	Falso
1. En Granada cocinan muy mal	☐	☐
2. Darío ha perdido su mochila	☐	☐
3. Clara ha perdido las llaves del coche	☐	☐
4. Darío y Clara no pueden irse de Granada en dos días	☐	☐

c. Busca un sinónimo para las siguientes expresiones.

1. De muerte..

2. Garito ....

3. Atracar ....

4. A las tantas...

5. No parar de ....

6. Da pena ....

7. Hay mucho ambiente ....

d. Escribe las expresiones de valoración que aparecen en el texto.

Nos lo estamos pasando de maravilla.

13.8. Completa con la forma correcta del pretérito indefinido.

Ejemplo: Ayer *comí* paella y hoy no me apetece comer arroz.

1. El año pasado *(viajar, yo)* .... dos veces a Portugal. Es que me gusta mucho ese país.

2. Hace tres meses *(conocer, nosotros)* .... a la novia de Andrés. Es muy maja.

3. La semana pasada Alberto *(hablar)* .... con Jaime sobre el problema.

4. Paula *(estudiar)* .... en París cinco años, habla perfectamente el francés.

5. Juan y Alejandro *(salir)* .... para México hace una semana.

6. El fin de semana pasado *(beber, yo)* .... demasiado y todavía me duele el estómago.

7. Carla y yo *(entrar)* .... en la Universidad en 1999, *(conocerse, nosotras)* .... allí y todavía somos buenas amigas.

8. Pablo Picasso *(nacer)* .... en Málaga.

9. María José *(vivir)* .... hace tres años en Grecia.

10. Ellos *(comprar)* .... el billete el mes pasado, por eso *(pagar)* .... menos.

11. Paco *(vender)* .... su barco hace una semana. Ahora quiere comprarse una casa.

12. Anoche *(esperar, nosotros)* .... a Lucas dos horas y no *(aparecer, él)* ....

13. ¿Cuándo *(hablar, vosotros)* .... con Pedro, ayer o anteayer?

14. El otro día, en la discoteca *(bailar, yo)* .... toda la noche; mis amigos, en cambio, *(sentarse)* .... y no *(levantarse)* .... hasta que *(salir, nosotros)* ....

15. El año pasado en Sevilla *(pasear, nosotros)* .... mucho, es una ciudad pequeña y puedes ir andando a todas partes.

16. ¿*(Acompañar, tú)* .... el otro día a Sonia al médico?

17. Begoña *(mudarse)* .... en otoño pero todavía no tiene teléfono en el piso nuevo.

18. En 2006 *(cambiar, yo)* .... de trabajo y, ahora, estoy mucho más contenta.

19. Laura y Pedro *(volver, ellos)* .... a Madrid el año pasado pero quieren cambiar de ciudad otra vez.

20. ¿Cómo *(dormirse, tú)* .... ayer con tanto ruido?

21. En 1998 Miguel *(regresar)* .... a España después de siete años en Argentina.

22. ¿Dónde *(comprar, tú)* .... el vestido?

23. Mis amigas le *(contar)* .... todo a Blas y ahora está enfadado conmigo.

24. Hace un rato *(llamar, yo)* .... a tu casa y no estabas.

25. ¿*(Gastar, usted)* .... mucho dinero el mes pasado?

13.9. Completa con la 1.ª o la 3.ª persona del pretérito indefinido.

Ejemplo: Mi hermana *estudió* en la facultad de Veterinaria.

1. Ricardo *(vivir)* .... en Madeira hasta 1996.

2. *(Nacer)* .... en Madrid pero a los tres años me trasladé a Huelva.

3. Eva *(trabajar)* .... en París dos años.

4. Carmen *(terminar)* .... sus estudios en 1997.

5. En verano *(visitar)* .... a mi madre y lo pasamos muy bien juntas.

6. Dolores *(hablar)* .... con Felipe para organizar la fiesta.

7. No *(salir)* .... al extranjero hasta los 17 años pero ahora viajo mucho.

8. *(Preparar)* .... unos regalos para Lola y Pilar, se los voy a dar mañana.

9. Mi padre *(comenzar)* .... a trabajar a los 19 años.

10. El año pasado *(cambiarse)* .... de piso, ahora vivo en uno más grande.

11. El otro día volví andando a casa porque no *(encontrar)* .... un taxi.

12. *(Entrar)* .... en la academia hace dos meses y *(volver)* .... a su país hace una semana.

13. Quique *(gastarse)* .... todo su dinero en un viaje.

14. *(Sufrir)* .... un accidente hace seis meses y, ahora, no puedo andar bien.

15. El año pasado *(comprar)* .... una casa en el centro donde vivo con mi novio.

16. La policía *(venir)* .... a mi casa a hacerme preguntas sobre el robo.

17. Yo *(estar)* .... dos años en Suecia, en cambio él *(estar)* .... solo dos meses.

18. El atleta no *(poder)* .... llegar a la meta.

19. Lo siento, no *(tener)* .... tiempo y por eso no *(hacer)* .... el informe.

20. Mi novio *(decir)* .... que sí y yo *(decir)* .... que no. Y ahora estamos peleados.

21. Ayer Iván *(traer)* .... estas flores y no las *(poner, yo)* .... en agua.

22. ¿Cómo *(saber)* .... Lidia la verdad?

23. El otro día mi madre *(ponerse)* .... el vestido azul.

24. *(Yo, dar a él)* .... cuatro libros y ella ni siquiera *(dar, a mí)* .... las gracias.

25. El año pasado *(tener, yo)* .... muy mala suerte.

26. Ayer *(ir, yo)* .... al cine pero no *(gustar, a mí)* .... nada la película.

27. El año pasado mi hermana y yo *(estar)* .... en Nápoles y allí *(preferir)* .... dormir en un hotel modesto pero más barato.

28. La cámara que *(coger, yo)* .... para el viaje no *(servir)* .... de mucho porque *(caerse)* ...., *(romperse)* .... y *(tener, yo)* .... que comprar otra.

29. Bea me *(pedir)* .... un favor hace tiempo y yo se lo *(hacer)* .... así que ahora no me puede decir que no.

Unidad 14

14.1. Identifica si el verbo corresponde a la primera o la tercera persona y si se encuentra en presente o en pretérito indefinido. Después construye una frase con cada uno de los verbos.

Ejemplo: Hablo: <u>primera persona del presente de indicativo</u> ➡ <u>Mi madre dice que yo **hablo** mucho.</u>

1. Compró: ....

2. Salí: ....

3. Cené: ....

4. Pone: ....

5. Canté: ....

6. Trabajó: ....

7. Ando: ....

8. Sale: ....

9. Viajé: ....

10. Dejó: ....

14.2. a. Lee el siguiente texto y completa con el verbo en pretérito indefinido.

Las pasadas vacaciones de primavera **(1)** *(ir, yo)* .... a un lugar que jamás voy a olvidar, a Varadero, una de las playas más famosas y lindas de la Isla de Cuba. **(2)** *(Hospedarse)* .... en el hotel Varadero Internacional. La gente que **(3)** *(conocer)* ...., no solamente en el hotel, sino en la isla entera, **(4)** *(parecerme)* .... simpatiquísima. Durante la estancia en Varadero **(5)** *(nadar)* .... con delfines, **(6)** *(hacer)* .... buceo, **(7)** *(asistir)* .... a clases de salsa, **(8)** *(ir)* .... a discotecas, y también **(9)** *(ir)* .... en barco hasta una pequeña isla y por supuesto, **(10)** *(disfrutar)* .... del mar y de la playa. iMe **(11)** *(poner)* .... tan morena!

Nadar con los delfines **(12)** *(ser)* .... una experiencia inolvidable. Son amables y cariñosos. Nadé en sus espaldas y me **(13)** *(besar)* .... en la cara. Hasta un pelícano **(14)** *(morder, a mí)* .... en el hombro. ¡Qué risa!

También **(15)** *(ir)* .... a la ciudad de Camagüey, donde **(16)** *(nacer)* .... mis padres. **(17)** *(estar)* .... allí dos días. Es un pueblo donde hay mucha gente. Las muchachitas pueden caminar solas por la noche sin problemas y los niños también van a la escuela solos. Casi todo el mundo va en bicicleta.

Espero volver muy pronto. Todo **(18)** *(encantar)* .... Para llegar a Cuba, **(19)** *(tener)* .... que viajar primero a Canadá a causa del embargo. Espero que lo quiten pronto. Si tienes la oportunidad de ir a Cuba... ¡Vale la pena!

Sara

(Texto adaptado de la web de *Alianza Cubano Americana*)

b. Señala si las siguientes afirmaciones son verdaderas o falsas.

	Verdadero	Falso
1. A Sara no le gustó la gente de Cuba	☐	☐
2. Sara tomó mucho el sol	☐	☐
3. Los padres de Sara son cubanos	☐	☐
4. Camagüey no es un pueblo muy seguro	☐	☐

c. Busca en el texto un sinónimo de:

1. alojarse ....

2. nunca ....

3. mujeres jóvenes ....

4. bonitas ....

d. Nombra las partes del cuerpo que aparecen en el texto.

....

....

....

....

....

....

....

e. Señala con una cruz (X) cuáles son partes del cuerpo y cuáles no.

☐ Rodilla	☐ Cintura	☐ Codo	☐ Cuello	☐ Cromo
☐ Tobillo	☐ Botijo	☐ Lodo	☐ Ceja	☐ Frente

f. Nombra los animales que aparecen en el texto.

....

....

....

....

....

....

....

g. Señala de la siguiente lista cuáles son animales y cuáles no.

☐ Foca	☐ Rama	☐ Antena	☐ Olla	☐ Abeto
☐ Pato	☐ Rana	☐ Yegua	☐ Camello	☐ Mariposa

14.3. a. **¿Conoces a Mafalda y a Quino? A continuación vas a leer algunos datos de sus biografías. Completa los espacios con el verbo en pretérito indefinido.**

Mafalda es un entrañable personaje de tebeo. Su creador **(1)** *(ser)* .... Joaquín Salvador Lavado, conocido como Quino, y **(2)** *(nacer)* .... en Mendoza (Argentina) en el año 1932.

Mafalda **(3)** *(representar)* .... el inconformismo de la humanidad, pero con fe en su generación. **(4)** *(Criticar)* .... duramente la injusticia, la guerra, las armas nucleares, el racismo, las absurdas convenciones de los adultos y, claro, la sopa.

Mafalda **(5)** *(nacer)* .... en el año 1958 en Argentina. Su papá, corredor de seguros, y su mamá, ama de casa, **(6)** *(conocerse)* .... en la facultad. Cuando **(7)** *(casarse)* ...., ella **(8)** *(abandonar)* .... los estudios.

Quino la **(9)** *(llamar)* .... Mafalda en homenaje a un libro del escritor David Viñas. El 22 de setiembre de 1964 **(10)** *(aparecer)* .... la primera tira de Mafalda en la revista *Primera Plana*. Y a partir de marzo de 1965 Mafalda **(11)** *(publicarse)* .... en el diario *El Mundo*. Es aquí donde **(12)** *(tener)* .... mayor éxito y **(13)** *(comenzar)* .... a aparecer diariamente.

Mafalda **(14)** *(empezar)* .... la escuela a la edad de cinco años. El 21 de marzo de 1968 **(15)** *(nacer)* .... Guille, el hermanito de Mafalda.

Las historias de Mafalda **(16)** *(traducirse)* .... a 26 idiomas y sus libros **(17)** *(vender)* .... más de 20 millones de ejemplares.

El 25 de junio de 1973, Mafalda **(18)** *(despedirse)* .... de los lectores, año en que Perón **(19)** *(volver)* .... de su exilio en Madrid y **(20)** *(ser)* .... reelegido presidente.

b. **Quizás no conoces algunas palabras del texto. Intenta relacionar las palabras de la columna A con las de la columna B.**

A	B
Entrañable •	• Comida líquida y caliente
Tebeo •	• Tierno
Fe •	• En honor
Sopa •	• Volver a elegir
En homenaje •	• Cómic
Tira •	• Sucesión de viñetas de cómic
Reelegir •	• Confianza

c. **Escribe seis oraciones para comparar tu biografía con la de Mafalda.**

Ejemplo: Mafalda nació en el año 1958 y yo nací en 1974. ....

1. ....
2. ....
3. ....
4. ....
5. ....
6. ....

14.4. Transforma las siguientes oraciones en una sola frase utilizando los conectores temporales.

Ejemplo: En enero me compré un coche. En junio lo vendí.

En enero me compré un coche y, **después de unos meses**, lo vendí.

1. En 1997 me fui a vivir a Ginebra. En 1998 volví a mi ciudad.

   ....

2. A las tres puse el pollo en el horno. A las cuatro ya estaba hecho.

   ....

3. El martes pasado viajamos a Londres. El viernes visitamos la Tate Gallery.

   ....

4. En 1998 comencé mis estudios. En 2002 los terminé.

   ....

5. En marzo nos mudamos de casa. En noviembre nos volvimos a mudar.

   ....

6. A las cuatro de la tarde salí del trabajo. A las nueve quedé con mi hermano en el Café Comercial.

   ....

7. En febrero de 2000 empecé a trabajar. En abril de 2001 dejé el trabajo.

   ....

8. En otoño de 2002 hice un curso de informática. En verano de 2003 hice un curso parecido.

   ....

9. En 1993 me trasladé a Dublín. En 1995 me fui a vivir a Amsterdam. En mayo de 1998 volví a Sevilla.

   ....

10. El domingo llamé a Clara pero no estaba y le dejé un mensaje. El martes me llamó y quedamos para cenar.

    ....

14.5. **a. Completa la biografía de Antonio Banderas con los verbos en pretérito indefinido.**

El nombre real de Antonio Banderas es Antonio Domínguez Banderas. **(1)** _(Nacer)_ .... en Benalmádena, Málaga, en 1960 y, a los diecinueve años, **(2)** _(trasladarse)_ .... a Madrid.

Muy pronto **(3)** _(comenzar)_ .... a trabajar con Pedro Almodóvar. **(4)** _(Debutar)_ .... con la película "Laberinto de pasiones". En 1985 **(5)** _(actuar)_ .... en "Réquiem por un campesino español" y "La corte del rey faraón", y además **(6)** _(colaborar)_ .... con Almodóvar en el largometraje "Matador".

En 1986 **(7)** _(protagonizar)_ .... "La ley del deseo" junto a Carmen Maura y en 1988 **(8)** _(participar)_ .... en "Mujeres al borde de un ataque de nervios" que **(9)** _(ser)_ .... nominada a los Oscar.

En 1991 **(10)** _(irse)_ .... a vivir a Los Ángeles. En 1992 **(11)** _(compartir)_ .... rodaje con Tom Hanks en "Philadelphia". En 1993 **(12)** _(rodar)_ .... "La casa de los espíritus" junto a Jeremy Irons y Winona Ryder.

En 1995 **(13)** _(trabajar)_ .... con el director Fernando Trueba en "Two Much" donde **(14)** _(conocer)_ .... a su actual mujer, Melanie Griffith, con la que **(15)** _(tener)_ .... una hija.

En 1999 **(16)** _(debutar)_ .... como director con la película "Locos en Alabama", protagonizada por su esposa.

b. Transforma las siguientes oraciones del texto con los marcadores temporales que has aprendido en esta unidad. Conjuga los verbos como en el ejercicio anterior.

1. En 1986 *(protagonizar)* "La ley del deseo" junto a Carmen Maura y en 1988 *(participar)* en "Mujeres al borde de un ataque de nervios".

....

....

....

....

2. En 1991 *(irse)* a vivir a Los Ángeles. En 1992 *(compartir)* rodaje con Tom Hanks en "Philadelphia".

....

....

....

....

3. En 1995 *(trabajar)* con el director Fernando Trueba en "Two Much" donde *(conocer)* a su actual mujer, Melanie Griffith con la que *(tener)* una hija.

....

....

....

....

14.6. **Lee la siguiente historia con atención.**

Un rey, **desconfiado** de las mujeres, se enamora perdidamente de una pastorcita llamada Griselda. Loco de amor, decide casarse con ella, así que va a pedirle la mano al padre, quien acepta muy **sorprendido** y **emocionado**. A los pocos días se casan y, unos meses después, tienen una hija; le ponen de nombre Esperanza.

Al cabo de un tiempo, un día, el rey ve a Griselda hablando con un pastor y, **enloquecido** por los celos, ordena matarlo. Para castigarla a ella, la expulsa del palacio, y además le arrebata a su hija Esperanza y la entrega en un convento. Pero Griselda tiene suerte porque una anciana mujer, que ve la entrega de la niña, le revela el paradero de su hija y puede seguir viéndola a escondidas. El rey, por su parte, no vuelve a verla más porque así se lo piden los monjes del convento en el momento de entregarla.

Dieciocho años más tarde, el rey vuelve a enamorarse de otra mujer mucho más joven que él. Pero esta vez no llega a casarse con ella porque descubre la identidad de la joven cuando un día la ve hablando con Griselda. En ese momento el rey se da cuenta del enorme parecido de ambas mujeres y lo comprende todo cuando las ve abrazarse con lágrimas en los ojos. El rey, **arrepentido**, les pide perdón. Ellas, **enternecidas**, lo perdonan y aceptan volver a vivir con él. El resto de sus vidas son felices y comen perdices.

a. Une cada palabra con su definición.

1. Arrebatar •	• **a.** En secreto
2. Parecido •	• **b.** Quitar algo a alguien con violencia
3. Expulsar •	• **c.** Lugar de destino
4. Paradero •	• **d.** Echar de un lugar a alguien
5. Revelar •	• **e.** Decir un secreto
6. A escondidas •	• **f.** Semejanza

b. Completa las siguientes definiciones con una de las palabras que se ofrecen.

1. Desconfiado: que no tiene .... en otras personas.

☐ **a.** confianza ☐ **b.** confiación ☐ **c.** confiencia

2. Enloquecido: poseído por la ....

☐ **a.** loquería ☐ **b.** loqueza ☐ **c.** locura

3. Enternecidas: llenas de ....

☐ **a.** terneza ☐ **b.** ternura ☐ **c.** ternanza

4. Emocionado: que siente ....

☐ **a.** emoción ☐ **b.** moción ☐ **c.** emocionamiento

5. Arrepentido: que siente ....

☐ **a.** arrepentura ☐ **b.** arrepentición ☐ **c.** arrepentimiento

6. Sorprendido: que siente ....

☐ **a.** sorpresión ☐ **b.** sorprendez ☐ **c.** sorpresa

c. ¿Conoces el verbo que le corresponde a cada una de las palabras anteriores? Escribe el infinitivo.

1. Desconfiado: ....

2. Enloquecido: ....

3. Enternecidas: ....

4. Emocionado: ....

5. Arrepentido: ....

6. Sorprendido: ....

d. Transforma el texto anterior de presente a pasado (pretérito indefinido).

....

....

....

....

....

....

....

....

....

....

....

....

....

....

....

Unidad 15

15.1. Completa con el verbo en el tiempo correcto (presente o pretérito imperfecto).

1. Antes no *(existir)* .... los ordenadores, y ahora todo el mundo *(tener)* .... uno.

2. Ahora *(lavar, nosotros)* .... la ropa en la lavadora, pero antes *(lavar, ellos)* .... a mano.

3. Antes, en América Latina *(haber)* .... indios, ahora casi no *(quedar)* ....

4. Ahora la gente *(viajar)* .... en avión y antes las personas *(ir)* .... en tren o en barco.

5. Antes Europa *(ser)* .... la primera potencia mundial, ahora *(ser)* .... Estados Unidos.

6. Antes los ejércitos *(luchar)* .... con cañones, ahora las guerras *(ser)* .... atómicas.

7. Ahora todo el mundo *(tener)* .... una tarjeta Visa, antes las personas *(guardar)* .... su dinero en casa.

8. Antes la gente *(enviar)* .... cartas, ahora *(escribir, nosotros)* .... correos electrónicos.

9. Antes pocas personas *(poder)* .... estudiar una carrera universitaria, ahora mucha más gente *(estudiar)* ....

10. Antes los niños *(jugar)* .... con juegos, ahora todos *(divertirse)* .... con consolas.

15.2. Pon el verbo entre paréntesis en la forma correcta del pretérito imperfecto.

1. La casa de Paula *(ser)* muy grande, *(parecer)* una mansión.
   ....

2. Antonio antes *(jugar)* al fútbol todos los domingos.
   ....

3. Antes de tomar vitaminas siempre me *(sentir, yo)* cansada.
   ....

4. Cuando *(ser, yo)* pequeña *(ir, yo)* todos los domingos a misa.
   ....

5. De pequeño, me *(costar)* mucho estudiar.
   ....

6. Antes *(dormir, nosotros)* hasta muy tarde.
   ....

7. Todos los días mi hermana me *(pedir)* el coche para ir a la discoteca.
   ....

8. En mi adolescencia, siempre *(jugar)* al baloncesto.

....

9. Los amigos de mi hermana *(tener)* un grupo de rock y *(tocar)* en el garaje de casa.

....

10. ¿Qué te *(gustar)* comer cuando *(ser)* pequeña?

....

15.3. Coloca el verbo en imperfecto. Se trata de acciones en desarrollo sin terminar, pues han sido interrumpidas por otra acción. Fíjate en el otro verbo ya conjugado.

1. Mientras *(leer, yo)* ...., oí un fuerte ruido.

2. El teléfono empezó a sonar, cuando yo *(salir)* .... por la puerta.

3. La planta se cayó mientras yo *(dormir)* ....

4. Los ladrones robaron el banco mientras nosotros *(sacar)* .... dinero del cajero.

5. Los padres *(comprar)* .... el diario cuando el perro mordió al niño.

15.4. Completa con la forma correcta del pretérito imperfecto.

Ejemplo: Asdrúbal no durmió ayer y hoy estaba muerto de sueño.

1. Cuando *(ser, yo)* .... pequeña *(tener, yo)* .... un amigo que *(llamarse)* .... Nicolás y siempre *(jugar, nosotros)* .... a las chapas; él *(ser)* .... muy bueno y yo nunca *(poder)* .... ganarle.

2. Ayer mientras *(ver, yo)* .... la tele Juan *(fregar)* .... los cacharros y Vera *(terminar)* .... su trabajo.

3. Carolina a menudo *(pasear)* .... por el parque pero ahora han hecho un aparcamiento y ya no sale a dar una vuelta casi nunca.

4. ¿Vosotros antes *(ir)* .... mucho a Segovia, no?

5. Pamela *(ir)* .... todos los veranos a Italia; allí *(conocer)* .... a un montón de gente y *(salir)* .... todas las noches, *(pasarlo)* .... muy bien y *(hablar)* .... italiano perfectamente, pero hace unos años dejó de ir, no sé por qué.

6. Mis padres *(soler)* .... ir de vacaciones a países exóticos, *(gustar, a ellos)* .... mucho Asia y *(interesar, a ellos)* .... la cultura japonesa pero dicen que ahora todo ha cambiado y hace tiempo que no salen de Europa.

7. Mi hermana, cuando *(tener)* .... cinco años *(coger)* .... insectos y los *(llevar)* .... a casa, mi madre *(ponerse)* .... furiosa y casi siempre la *(castigar)* ...., pero a mi hermana *(dar, a ella)* .... igual y *(volver)* .... a traer los bichos que *(encontrar)* .... por ahí.

8. Cuando mis amigos *(tener)* .... quince años *(adorar)* .... la música heavy y *(llevar)* .... pantalones elásticos y melenas, *(odiar)* .... los grupos de pop y nunca *(ir)* .... a discotecas.

9. En el colegio, todos los años *(hacer, nosotros)* .... una representación a final de curso. *(Cantar, nosotros)* .... o *(bailar, nosotros)* .... y yo *(sufrir)* .... mucho porque no *(gustar, a mí)* .... actuar, *(ponerse, yo)* .... tan nerviosa que, a veces, hasta *(llorar, yo)* ....

10. La casa de mis abuelos *(ser)* .... enorme. *(Tener)* .... dos pisos, *(haber)* .... un jardín precioso que *(estar)* .... lleno de flores y un trastero donde mis hermanos y yo *(buscar)* .... ropa para disfrazarnos; *(encantar, a mí)* .... ese lugar.

15.5. Une las oraciones.

a.

1. Inés no fue a tu fiesta •		• **a.** me dolía mucho el estómago.
2. Ayer no comí •		• **b.** había un actor enfermo.
3. Te escribí un mail •	**porque**	• **c.** estaba muy preocupada.
4. La obra se suspendió •		• **d.** tenía mucho trabajo.
5. Los libros no se vendieron •		• **e.** eran malísimos.

b.

	1. no contestabas al teléfono, •	• **a.** encendimos la chimenea.
	2. los bebés lloraban sin parar, •	• **b.** fui a comprar unos chupetes.
Como	**3.** teníamos mucho frío, •	• **c.** me fui sola al cine.
	4. sudaba mucho, •	• **d.** os lo presenté.
	5. queríais conocerlo, •	• **e.** me quité la chaqueta.

15.6. Completa con la forma correcta del verbo *soler* en pretérito imperfecto. Después reescribe la frase sin utilizar este verbo ni cambiar el sentido de la misma.

Ejemplo: Mi yerno ....*solía*........ pasear por el campo todos los fines de semana, ahora no tiene tiempo.

........*Mi yerno **paseaba** por el campo todos los fines de semana, ahora no tiene tiempo.*........

1. Jerónimo y yo .... salir a cenar fuera pero ahora casi siempre nos quedamos en casa.

....

2. Mari Carmen .... levantarse temprano pero ahora que está jubilada se despierta tarde.

....

3. Cristina y tú .... ir a Valencia en verano, ¿no?

....

4. Mis padres .... venir a visitarme en Semana Santa pero ahora vivimos demasiado lejos.

....

5. Mi abuelo .... beber un vaso de vino en las comidas pero ahora se lo ha prohibido el médico.

....

15.7. Intenta hacer una redacción explicando cómo era tu vida cuando eras más joven y cómo es ahora. ¿Cuáles son las cosas que han cambiado?

_____

_____

_____

_____

_____

_____

_____

_____

15.8. **a.** **Aquí tienes una canción de un conocido cantautor español: Joaquín Sabina, donde cuenta lo que solía hacer _cuando era más joven_. Completa el texto conjugando los verbos en pretérito imperfecto:**

Cuando **(1)** (ser, yo) .... más joven viajé en sucios trenes que **(2)** (ir) .... hacia el norte, y dormí con chicas que **(3)** (hacerlo) .... con hombres por primera vez. **(4)** (Comprar, yo) .... salchichas y **(5)** (olvidar, yo) .... luego pagar el importe.

Cuando **(6)** (ser, yo) .... más joven me he visto esposado delante del juez.

Cuando **(7)** (ser, yo) .... más joven **(8)** (cambiar, yo) .... de nombre en cada aduana, **(9)** (cambiar, yo) .... de casa, **(10)** (cambiar, yo) .... de oficio, **(11)** (cambiar, yo) .... de amor. Mañana **(12)** (ser) .... nunca y nunca **(13)** (llegar) .... pasado mañana.

Cuando **(14)** (ser, yo) .... más joven **(15)** (buscar, yo) .... el placer engañando al dolor.

(16) (Dormir, yo) .... de un tirón cada vez que **(17)** (encontrar, yo) .... una cama, **(18)** (haber) .... días que **(19)** (tocar) .... comer, **(20)** (haber) .... noches que no, **(21)** (fumar, yo) .... de gorra y **(22)** (sacar, yo) .... la lengua a las damas que **(23)** (andar) .... del brazo de un tipo que nunca **(24)** (ser) .... yo.

Pasaron los años, terminé la mili, me metí en un piso, hice algunos discos, senté la cabeza, me instalé en Madrid. Tuve dos mujeres, pero quise más a la que más me quiso. Una vez le dije: "¿Te vienes conmigo?". Y contestó que sí.

Hoy como caliente, pago mis impuestos, tengo pasaporte, pero algunas veces pierdo el apetito y no puedo dormir.

Y sueño que viajo en uno de esos trenes que **(25)** (ir) .... hacia el norte.

Cuando **(26)** (ser, yo) .... más joven, la vida **(27)** (ser) .... dura, distinta y feliz.

(28) (Dormir, yo) .... de un tirón cada vez que **(29)** (encontrar, yo) .... una cama.

(30) (Haber) .... días que **(31)** (tocar) .... comer, **(32)** (haber) .... noches que no, **(33)** (fumar, yo) .... de gorra y **(34)** (sacar, yo) .... la lengua a las damas que **(35)** (andar) .... del brazo de un tipo que nunca **(36)** (ser) .... yo.

Cuando era más jóven, canción del álbum "Juez y parte" de Joaquín Sabina.

Unidad 16

16.1. Completa las frases con los verbos en el tiempo del pasado apropiado (pretérito perfecto o pretérito indefinido).

1. Esta mañana nosotros *(comprar)* .... muchas cosas.

2. Ayer *(ir, yo)* .... a ver a mi abuela.

3. Nunca *(conocer, yo)* .... a una persona tan interesante como él.

4. ¿Todavía no *(visitar, tú)* .... Sitges?

5. El año pasado *(estar, ellos)* .... en Ibiza.

6. Anoche yo te *(traer)* .... los libros pero no te *(encontrar)* ....

7. Las vacaciones pasadas Ana *(tener)* .... un accidente muy grave.

8. Últimamente *(estudiar, él)* .... mucho.

9. ¿Ya *(probar, tú)* .... la comida coreana?

10. El miércoles Juan me *(pedir)* .... mil euros.

11. Anteayer *(hacer, yo)* .... una fiesta en mi casa.

12. En 1998 *(alquilar, nosotros)* .... esta casa.

13. ¿Aún no *(viajar, vosotros)* .... fuera de Europa?

14. El martes Ernesto *(ir)* .... a una librería y *(elegir)* .... un libro para mí. ¿No es un encanto?

15. Esta mañana el niño *(romper)* .... la ventana con el balón.

16.2. Completa con el tiempo adecuado.

1. Loli .... un concurso la semana pasada.
   - ☐ **a.** ganó
   - ☐ **b.** ganaba
   - ☐ **c.** ha ganado

2. No me .... las botas porque .... muy caras.
   - ☐ **a.** compré, fueron
   - ☐ **b.** compré, eran
   - ☐ **c.** compré, han sido

3. Cuando yo .... en Suiza, ... deporte cada día.
   - ☐ **a.** estudié, hacía
   - ☐ **b.** estudiaba, hacía
   - ☐ **c.** he estudiado, hacía

4. El domingo .... una película en la que .... Antonio Banderas.
   - ☐ **a.** he visto, actuaba
   - ☐ **b.** vi, actuó
   - ☐ **c.** vi, actuaba

5. Ayer no .... a clase porque ....
   - ☐ **a.** he ido, nevaba
   - ☐ **b.** iba, nevaba
   - ☐ **c.** fui, nevaba

6. Esta mañana .... el paraguas porque .... mucho.
   - ☐ **a.** cogí, llovió
   - ☐ **b.** he cogido, llovía
   - ☐ **c.** he cogido, llovió

7. Ese mes, después del accidente, ... en casa sin poder moverme. Nunca .... tanto.
   - ☐ **a.** he estado, me he aburrido
   - ☐ **b.** estaba, me aburrí
   - ☐ **c.** estuve, me he aburrido

8. En agosto del 2000 .... el negocio y este año .... que cerrarlo.

☐ **a.** abrimos, tuvimos

☐ **b.** hemos abierto, hemos tenido

☐ **c.** abrimos, hemos tenido

9. Anteayer .... cuando .... el apagón.

☐ **a.** dormíamos, hubo

☐ **b.** dormíamos, ha habido

☐ **c.** dormimos, había

10. Lo .... y .... que .... culpable.

☐ **a.** vi, supe, fue

☐ **b.** vi, supe, era

☐ **c.** veía, supe, era

16.3. **Completa con el pretérito indefinido o el pretérito imperfecto.**

1. Ayer *(acostarse, yo)* .... pronto porque *(estar, yo)* .... muy cansado.

2. Anais y Lucrecia *(vivir)* .... un año en Colonia porque *(querer)* .... aprender alemán.

3. Mi padre, cuando *(tener)* .... 10 años, *(caerse)* .... a la vía del tren y *(romperse)* .... un brazo. Durante mucho tiempo no *(poder)* .... escribir y, a veces, todavía le duele.

4. De pequeña, Sonsoles *(ser)* .... una gran gimnasta, *(correr)* .... muy rápido, pero un buen día lo *(dejar)* .... por completo porque, en realidad, no *(gustar, a ella)* .... la competición.

5. Mis abuelos *(conocerse)* .... en 1933 y *(casarse)* .... dos años más tarde, *(ser)* .... muy jóvenes los dos. Mi abuelo *(tener)* .... solo 20 años y mi abuela, 18.

6. Gustavo y yo *(tener)* .... que contratar a un arquitecto para reformar la casa porque *(estar)* .... en muy malas condiciones: el baño no *(tener)* .... puerta, la cocina *(ser)* .... muy antigua y las habitaciones no *(tener)* ....apenas luz.

7. Vosotros *(sufrir)* .... un accidente de coche hace dos años, ¿no? ¡Menos mal que no *(pasar, a vosotros)* .... nada! *(Ser)* .... un milagro porque tú no *(llevar)* .... puesto el cinturón de seguridad.

8. En el 99 yo *(vivir)* .... en París y allí *(descubrir)* .... que mi pasión *(ser)* .... el cine: *(ir)* .... todos los días y *(ver)* .... reposiciones de Ford, Murnau, Truffaut... Entonces *(saber)* .... que *(querer)* .... ser director.

9. Cuando *(enterarse, yo)* .... de que Ernesto *(estar)* .... enfermo, *(trasladarse)* .... a Sevilla y lo *(cuidar)* .... durante tres meses hasta que *(mejorar)* ....

10. Nosotros *(salir)* .... anoche hasta las tantas, *(estar)* .... en cinco o seis bares. *(Pasarlo)* .... muy bien. Al final *(entrar)* .... en una discoteca pero *(irse)* .... enseguida porque *(poner, ellos)* .... música tecno, *(haber)* .... demasiada gente y el ambiente no *(gustar, a nosotros)* .... *(Decidir, nosotros)* .... cambiar de lugar y *(encontrar)* .... un sitio estupendo donde *(bailar)* .... el resto de la noche.

11. Mi hermana *(venir)* .... a visitarme la semana pasada y la *(ver, yo)* .... muy cambiada: *(estar)* .... más delgada, *(llevar)* .... el pelo largo. *(Parecer, a mí)* .... que *(sentirse, ella)* .... mucho más feliz.

12. Raquel y Emma *(estudiar)* .... en la misma facultad durante cinco años, pero no *(conocerse)* .... hasta varios años después, cuando un día *(encontrarse)* .... en el barrio y *(descubrir)* .... que *(ser)* .... vecinas.

13. Ramón *(cambiar)* .... de trabajo porque *(estar)* .... harto: *(trabajar)* .... más de ocho horas diarias y *(ganar)* .... una miseria. Por lo menos ahora trabaja en algo que le gusta.

14. La fiesta de ayer *(ser)* .... un desastre: no *(haber)* .... suficiente bebida para todos, la música *(ser)* .... horrible, nadie *(bailar)* .... Además, *(venir)* .... muy poca gente. Total, que *(aburrirse, yo)* .... mucho.

15. Jordi *(viajar)* .... a Buenos Aires el año pasado y *(encantar, a él)* .... Dice que la gente *(ser)* .... simpatiquísima y la ciudad impresionante, *(querer)* .... quedarse a vivir allí y durante el tiempo que *(estar)* ...., *(buscar)* .... trabajo pero no lo *(encontrar)* .... así que *(volver)* .... a Barcelona.

16.4. **a. Completa con la forma verbal correcta.**

Marta y Fernando **(1)** *(conocerse)* .... un mes de junio y **(2)** *(casarse)* .... cinco meses después. **(3)** *(Ser)* .... una decisión repentina. A partir de entonces los preparativos **(4)** *(sucederse)* .... sin pausa: el papeleo, la búsqueda del piso, su puesta a punto, etc. y, durante unos meses, no **(5)** *(tener)* .... ni un minuto para pensar.

Unos días más tarde, **(6)** *(coger, ellos)* .... el tren que los **(7)** *(llevar)* .... a Lisboa a pasar su luna de miel. Marta no **(8)** *(parar)* .... de hablar durante la primera mitad del viaje hasta que **(9)** *(dormirse)* .... sobre el hombro de Fernando.

En Portugal, **(10)** *(ser)* .... la época de la Revolución de Abril. Los cafés inmensos, llenos de gente que **(11)** *(fumar)* .... sin parar, el trasiego de los periódicos que todo el mundo **(12)** *(leer)* .... con avidez en busca de noticias de un tiempo nuevo. Todo **(13)** *(parecer)* .... posible.

Adaptado de *Las historias de Marta y Fernando*, Gustavo Martín Garzo

b. Une cada palabra con su definición. Fíjate en el texto.

1. Papeleo •	• **a.** Enormes, muy grandes.
2. Búsqueda •	• **b.** Intercambio de materiales, mover las cosas de un lado a otro.
3. Inmensos •	• **c.** Deseo, ansia.
4. Trasiego •	• **d.** Acción de buscar.
5. Avidez •	• **e.** Trámites administrativos para resolver un asunto.

c. Escribe el sustantivo de cada uno de los siguientes verbos con su artículo correspondiente. Puedes usar el diccionario.

Ejemplo: Buscar: ...la búsqueda...

1. Conocer: ....
2. Decidir: ....
3. Pensar: ....
4. Parar: ....
5. Leer: ....

6. Informar: ....
7. Resolver: ....
8. Intercambiar: ....
9. Ansiar: ....
10. Desear: ....

16.5. Completa con indefinido, imperfecto o perfecto según convenga.

Ejemplo: Hoy *he visto* a tu hermano y *estaba* muy guapo.

1. Mi sobrino *(nacer)* .... hace tres años y de bebé *(ser)* .... tan grande que *(parecer)* .... mayor de lo que *(ser)* ....

2. Nunca *(ir, yo)* .... a ningún país extranjero. El año pasado *(querer, yo)* .... ir a Brasil, pero al final no *(poder, yo)* .... por motivos de trabajo.

3. Hoy *(tener, yo)* .... un día horrible: *(perder, yo)* .... el autobús, *(ir, yo)* .... al dentista y *(caerse, yo)* .... al salir de la consulta; además, como *(llover)* .... mucho y no *(llevar, yo)* .... paraguas *(mojarse, yo)* .... entero.

4. Ayer *(ver, yo)* .... a Nina en el Rastro mientras ella *(comprar)* .... una chaqueta de cuero de segunda mano muy bonita. Yo *(estar, tomando)* .... una caña con Rodrigo así que la *(llamar, nosotros)* ...., *(sentarse, ella)* .... con nosotros y entonces *(aparecer)* .... Hugo. Al final *(irse, nosotros)* .... a comer todos juntos a casa de Nina.

5. El domingo *(estar, nosotros)* .... tan cansados que no *(salir, nosotros)* ...., aunque Pedro *(tener)* .... muchas ganas de ir a tomar algo y yo *(querer)* .... ir a ver la última película de Almodóvar. Al final, *(quedarse, nosotros)* .... en casa y no *(hacer, nosotros)* .... nada especial.

6. Cuando *(ser, él)* .... adolescente *(tener, él)* .... un carácter insoportable, pero cuando *(crecer, él)* .... *(volverse, él)* .... mucho más tranquilo y *(empezar, él)* .... a colaborar en una ONG.

7. Mis primos *(tener)* .... un accidente muy grave hace dos años. Mi primo mayor *(conducir)* .... y no *(hacerse)* .... nada, pero el pequeño *(sufrir)* .... lesiones graves.

8. Úrsula y Roberto *(estar, pensando)* .... comprarse una casa pero, al final, como todas *(ser)* .... demasiado caras, *(decidir)* .... alquilar una porque no *(poder)* .... pagar una hipoteca. Por suerte, *(encontrar)* .... un piso muy barato en Legazpi y cuando los *(ver, yo)* .... el otro día, *(estar, ellos)* .... muy contentos.

9. Hace dos años Yasmina *(cambiar)* .... de trabajo porque no *(ganar)* .... mucho.

10. El mes pasado nosotros *(tener)* .... problemas con los vecinos de arriba porque *(hacer)* .... mucho ruido por las noches: *(encender)* .... la tele de madrugada, *(hablar)* .... a gritos y *(poner)* .... la música a todo volumen.

16.6. Unos personajes nos cuentan algunas anécdotas. Completa los espacios con los tiempos del pasado adecuados.

1. Pues nada, que *(esperar, yo)* .... a Carlos y, no te lo vas a creer, pero *(encontrarse)* .... con mi ex. Y justo cuando *(hablar)* .... con él, y riéndome, *(aparecer)* .... Carlos con un ramo de flores. Y cuando *(ver, a mí)* .... riéndome, *(cabrearse)* .... mucho y ahora no me habla.

2. Anteayer *(pasarlo, yo)* .... en grande. Mis amigos me *(hacer)* .... una fiesta sorpresa para mi cumpleaños. *(Volver)* .... a casa cuando me *(llamar)* .... Sonia para decirme que *(tener, ella)* .... que hablar conmigo urgentemente y que me *(esperar, ella)* .... en su casa. Cuando *(llegar, yo)* ...., todos mis amigos me *(esperar)* .... ¡Qué sorpresa! La fiesta *(acabar)* .... a las siete de la mañana. Al día siguiente *(dormir)* .... todo el día.

3. El año pasado cuando *(estar, nosotros)* .... en Praga, *(hacer)* .... mucho frío durante toda la semana. Un día *(caminar, yo)* .... y, de repente, *(sentir, yo)* .... que mis pies *(estar)* .... tan congelados que *(tener, nosotros)* .... que entrar en un restaurante porque no *(poder, yo)* .... caminar más. ¡Qué mal que *(pasarlo, yo)* ....!

4. ▷ ¿Cómo (romperse) .... esa silla?

   ▶ ¿No te acuerdas? (ser) .... hace dos años. (Estar) .... reunidas nosotras con mis padres y Alejo. Entonces, cuando Alejo (sentarse) ...., la pata de
la silla (romperse) .... y él (caerse) .... de culo. (Reírse, nosotros)
.... muchísimo. (Ser) .... tan divertido. Para colmo, cuando (levantarse) ...., (torcerse) .... el pie. ¡Pobre Alejo! ¡Es tan patoso!

5. ¿Alguna vez (contar, a ti) .... que hace un año (tener, nosotros) .... un
accidente de coche? Pues sí, (llover) .... y, mientras (frenar, yo) ...., el
coche (derrapar) .... Por suerte, no (pasarnos) .... nada, pero (darse, yo)
.... un susto tan grande que (llorar, yo) .... durante toda la tarde.

16.7. **Corrige el error de los tiempos verbales de pasado si es necesario.**

   1. La semana pasada no te llamamos porque no estábamos en la ciudad.
   ....

   2. Esta mañana me he mareado porque hizo mucho calor.
   ....

   3. Mi hermana se casó con un hombre que fue de Perú y dos años después se divorciaron.
   ....

   4. En el año 2004 los terroristas hicieron una masacre en la estación de Atocha en Madrid. Las
imágenes de televisión eran terribles.
   ....

   5. No he conocido nunca a nadie tan simpático como él.
   ....

   6. Empezaba a llover mientras yo estaba esperando el tren en la estación.
   ....

   7. El alcalde saludó desde el balcón a los ciudadanos que le aplaudían entusiasmados.
   ....

   8. Como no tuve muchas ganas, no acompañé a Iván al mercado.
   ....

   9. Ya he visitado la feria. Estuve ayer y había muchas obras de arte expuestas.
   ....

   10. Solo recibí una carta de amor en toda mi vida.
   ....

16.8. **Completa esta noticia de periódico con indefinido, imperfecto o perfecto según convenga.**

GOLPEÓ A UN HOMBRE PORQUE "HABLABA DEMASIADO" EN UNA CABINA TELEFÓNICA

El pasado martes **(1)** (ser, él) .... puesto a disposición judicial un fontanero arago-
nés de 35 años.

Según fuentes judiciales, el detenido **(2)** (arremeter, él) .... contra un individuo que
(3) (encontrarse, él) .... hablando en una cabina y le **(4)** (producir, él) ....
heridas leves en la cabeza. Al parecer, el agresor **(5)** (pretender) .... llamar a su familia para comunicarles el fallecimiento de un familiar, pero tras una hora de espera no **(6)** (poder,
él) .... aguantar más, **(7)** (intentar, él) .... hablar con el agredido y ante
su indiferencia lo **(8)** (golpear, él) .... varias veces con el puño. La víctima todavía no
(9) (hacer) .... declaraciones, pero hasta esta misma mañana **(10)** (estar)
.... ingresado en el hospital "12 de Octubre" y los médicos le **(11)** (dar)
.... de alta a las tres de esta misma tarde.

Intenta tú ahora escribir alguna noticia con los siguientes titulares.

• Encuentran en plena calle un corazón abandonado.
• Un bailaor flamenco captura con un plátano a un mono escapado de un zoo.
• Un gato oculto en el motor pone en marcha un coche.

16.9. **Aquí tienes un texto en presente, intenta escribirlo de nuevo, esta vez en pasado.**

Me levanto a las ocho, me hago un café, me ducho y me visto; salgo de casa a las ocho y media, tardo cuarenta minutos en llegar a clase, en el autobús voy leyendo aunque no muy bien porque está lleno de gente. Estoy en la facultad desde las nueve y media hasta las dos, pero no voy a todas las clases porque estoy cansada. Después, Helena y yo comemos en un bar cercano que es muy barato y más tarde tomamos un café en la cafetería "Donato". Llamamos a Vera porque queremos verla pero no está en casa. Mientras damos un paseo, Helena me comenta que está trabajando los domingos como guía turística, que le gusta mucho y que los turistas son muy simpáticos con ella. Yo le digo que estoy muy ocupada con la obra de teatro que estamos montando y que estudio el papel por las noches y ensayo los sábados.

Volvemos a llamar a Vera pero no podemos localizarla. Decidimos ir al cine, pero la película no es muy buena; no nos gusta. A las nueve vuelvo a casa, pero como hay mucho tráfico llego muy tarde. Ceno con mi hermano, que está muy hablador, y me dice que va a ir a un concierto de un grupo que le gusta mucho. Poco después, me lavo los dientes y me acuesto pronto porque tengo mucho sueño. Leo un poco, pero enseguida apago la luz y me duermo.

El lunes de la semana pasada...

(Ruled writing space — left blank)

16.10. **A continuación te presentamos una fábula adaptada del escritor guatemalteco Augusto Monterroso (1921-2003) que se titula: "La rana que quería ser una rana auténtica".**

a. Ordena el texto.

☐   ☐   ☐   ☐   ☐

1 Y así siguió haciendo esfuerzos hasta que, dispuesta a cualquier cosa para lograr ser considerada una rana auténtica, se dejó arrancar las ancas, y los otros se las comieron, y ella todavía alcanzó a oír con amargura que qué buena rana, que parecía pollo.

2 Por fin pensó que la única forma de conocer su propio valor estaba en la opinión de la gente, y comenzó a peinarse y a vestirse y a desvestirse para saber si los demás la aprobaban y reconocían que era una rana auténtica.

3 Al principio se compró un espejo en el que se miraba largamente buscando su ansiada autenticidad. Unas veces parecía encontrarla y otras no, según el humor de ese día o de la hora, hasta que se cansó de esto y guardó el espejo en un baúl.

4 Un día observó que lo que más admiraban de ella era su cuerpo, especialmente sus patas, de manera que se dedicó a hacer sentadillas y a saltar para tener unas ancas cada vez mejores, y sentía que todos la aplaudían.

5 Había una vez una rana que quería ser una rana auténtica, y todos los días se esforzaba en ello.

b. Une cada palabra con su definición.

1. Lograr. •
2. Ancas. •
3. Baúl. •
4. Hacer sentadillas. •
5. Aplaudir. •

• **a.** Mueble para guardar generalmente ropa.
• **b.** Conseguir.
• **c.** Patas de rana.
• **d.** Golpear una mano contra la otra en señal de entusiasmo o aprobación.
• **e.** Ejercicio que consiste en bajar el cuerpo en posición de estar sentado.

16.11. Une cada titular con su noticia.

1. Vivió tres semanas en un cibercafé. ....☐
2. "El Gran Marrano". ....☐
3. Un cura se opone al uso de móviles. ....☐
4. Estudian insectos espía y soldados "invisibles". ....☐

A El Comando de Operaciones Especiales de las fuerzas armadas norteamericanas pidió a los principales científicos la creación de una serie de sistemas tecnológicos de última generación capaces de hacer invencibles a los soldados del futuro. El futuro equipamiento de los soldados, que se va a concretar en torno al 2020, prevé trajes que hacen invisibles a las personas que los usan, insectos robot que espían al enemigo, cascos con pantallas en tres dimensiones, y píldoras "contra todo": el cansancio, el estrés, el sueño, el hambre.

B La semana pasada, el párroco de Moratra, Alicante (España), Francisco Llops, aceptó instalar un inhibidor de teléfonos móviles en la iglesia de la localidad que le permite al clérigo oficiar su misa en paz y sin interrupciones, según informó Notimex. La iniciativa de instalar el aparato fue de un feligrés fastidiado por el constante sonar de los teléfonos móviles en la iglesia y que le impedían al párroco comunicarse con su congregación.

C Un ciudadano residente en Corea del Sur fue arrestado el pasado mes de noviembre después de haber vivido, literalmente, más de 20 días en un cibercafé del país oriental. Desde el 29 de noviembre al 18 de diciembre, este individuo no se separó de la pantalla del ordenador ni un solo momento, excepto para comprar fideos (suponemos que su comida favorita) e ir al baño. El dueño del cibercafé confesó sentirse extrañado al contemplar cómo la factura del ciudadano ascendía a 450 000 wones (unos 365 euros). El propietario del local llamó a la policía, que se llevó al coreano. Según un portavoz del cuerpo de seguridad el hombre se encontraba "en un estado deplorable y con un olor terrible".

D El granjero vizcaíno Aitor Solozábal, de 41 años, ha colocado 'webcams' en su granja para poder observar el comportamiento de sus vacas, cerdos y gallinas en tiempo real a través de 'Granja-Familiar.com'. Aitor Solozábal puso en marcha la 'web' de la granja en julio y, desde entonces, ha recibido 31 000 visitas.

(Noticias extraídas de la revista de humor *El Jueves*)

Unidad 17

17.1. Completa las siguientes frases con la forma correcta del futuro imperfecto.

Ejemplo: Seguramente *iré* a Egipto el próximo verano.

1. Te aseguro que Bárbara no *(decir)* .... nada y *(guardar)* .... el secreto.

2. Imagino que este año Beto y yo *(volver)* .... a Oporto de vacaciones.

3. No sé cuando *(poder, yo)* .... ir a visitarte pero creo que *(ir, yo)* .... en Semana Santa.

4. Aproximadamente *(haber)* .... quinientos alumnos en este instituto y solo unos cien *(estudiar)* .... en la universidad.

5. Mañana *(llover)* .... en la mitad norte mientras que la mitad sur *(disfrutar)* .... de un día soleado.

6. Si podemos coger unos días *(viajar)* .... a algún país nórdico. ¡Estamos hartos de este calor!

7. Te juro que no *(saber, él)* .... lo que ha sucedido, no se lo *(contar, yo)* ....

8. Un día de estos *(coger, yo)* .... mis maletas y lo *(dejar, yo)* .... todo.

9. Si a Amaro le dan la beca *(tener, él)* .... que ahorrar para poder vivir en Estocolmo. ¡Es muy caro!

10. Esta casa *(tener)* ...., más o menos, 90 metros y no es muy cara, si todavía no la han alquilado *(quedársela, yo)* ....

11. Mamá, te prometo que *(ser, nosotros)* .... buenos en tu ausencia, no *(romper, nosotros)* .... nada y *(cuidar, nosotros)* .... del gato.

12. *(Salir, tú)* .... el fin de semana, ¿verdad? Creo que *(venir, a ti)* .... bien después de los exámenes.

13. No sé si Melisa *(poder)* .... acompañarnos al viaje pero hasta entonces estoy segura de que *(ahorrar)* .... todo lo posible.

14. Javi y Julia *(tener)* .... 30 años o así, no estoy seguro, pero parecen más jóvenes.

15. No sé dónde *(estar)* .... Gorka e Irune, dijeron que iban a estar aquí a las 9 y ya son y media, supongo que *(venir)* .... de camino.

16. Vosotros *(ser)* .... los próximos en casaros y *(tener)* .... al menos tres hijos, aunque ahora decís que no.

17. El próximo fin de semana *(ser)* .... caluroso, las temperaturas no *(bajar)* .... de los 30 grados y *(hacer)* .... sol en toda la península.

18. La semana que viene *(ser)* .... fantástica para los nacidos en acuario: *(realizar)* .... viajes imprevistos, *(conocer)* .... personas interesantes y *(hacer)* .... realidad sus sueños.

19. Si no tengo suerte esta vez no *(jugar)* .... más a la lotería, no *(volver)* .... a comprar un décimo.

20. No sé si Ángela *(querer)* .... dejarme su casa de la playa este puente pero *(preguntárselo, yo)* .... de todas formas.

17.2. **Corrige estas frases si es necesario.**

Ejemplo: Si ~~tendré~~ tiempo me pasaré por tu casa.

.........Si .tengo. tiempo. me .pasaré .por. tu. casa...

1. Iré a verte si puedo, pero no estoy seguro.
   ....

2. Imagino que Concha no tendrás problemas en su nuevo trabajo. Es muy eficiente.
   ....

3. No sé si Mauricio querré venir al cine con nosotros porque está muy ocupado.
   ....

4. Narciso y yo no podremos cambiar de casa hasta dentro de un año por lo menos.
   ....

5. Te juro que Luisa no ha hecho eso, es incapaz de hacer algo así.
   ....

6. Tranquilo, que no habrá problemas durante tu viaje, todo está controlado.
   ....

7. Supongo que ni Luis ni Antonio viene a mi fiesta después de lo que pasó.
   ....

8. No haré nada que moleste a tu hermano, te lo prometo.
   ....

9. Si consigo reunir suficiente dinero irá el verano al Caribe, lo pasaré genial.
   ....

10. Seguro que vosotros no diremos ninguna mentira, confío en los dos.
    ....

11. Mis padres irán a Francia la semana que viene si no hay ningún contratiempo.
    ....

12. ¿Sabrás Paulina lo que está pasando? Yo creo que no.
    ....

13. Me temo que tendrás que empezar a trabajar pronto pero no me apetece.
    ....

14. Si estudiaré, seguro que apruebo.
    ....

15. Tú no tendrás que hablar, lo diré todo yo.
    ....

16. Han dicho por la radio que mañana lloverá todo el día y habrán tormentas.
    ....

17. Si viene Jorge, nos reiremos mucho porque es divertidísimo.
    ....

18. Ya verás, comeremos estupendamente en ese restaurante y, encima, es barato.
    ....

19. Paula tendrá unos 29 años más o menos. No estoy segura.
    ....

20. Creo que me ponen buena nota en el examen, lo he hecho fenomenal.
    ....

17.3. Completa la tabla con el infinitivo y el presente (en la misma persona).

Futuro	Infinitivo	Presente
1. Pondremos	Poner	Ponemos
2. Tendré		
3. Valdrá		
4. Diréis		
5. Podrán		
6. Sabremos		
7. Vendrás		
8. Saldremos		
9. Haré		
10. Cabrán		
11. Pondré		
12. Querremos		
13. Habrá		
14. Diremos		
15. Vendré		

17.4. a. Lee la siguiente fábula de Félix María Samaniego y completa los espacios vacíos con el verbo conjugado en futuro imperfecto.

El cuento de la lechera

Érase una vez una lechera que llevaba en la cabeza un cántaro con leche al mercado.
Caminaba con presteza, e iba diciendo en voz alta: «¡Yo sí que estoy contenta con mi suerte!».
Caminaba sola la feliz lechera, y decía de esta manera: «Esta leche vendida, en limpio me
(1) *(dar)* .... mucho dinero, y con él, **(2)** *(comprar, yo)* .... un canasto
5 de huevos para sacar cien pollos, que al estío me **(3)** *(rodear, ellos)* cantando el pío, pío.
Del importe obtenido de tanto pollo **(4)** *(invertir)* .... en un cochino que con castañas
y berzas **(5)** *(engordar, él)* .... sin tino y la barriga le **(6)** *(crecer)* .... mucho.
Lo **(7)** *(llevar, yo)* .... al mercado, **(8)** *(sacar)* .... de él buen dinero;
(9) *(comprar, yo)* .... al contado una robusta vaca y un ternero, que **(10)** *(saltar,*
10 *ellos)* .... y **(11)** *(correr, ellos)* .... por todo el monte.»
Con este pensamiento enajenada, iba saltando la joven lechera cuando, de repente, el cántaro
se cayó. ¡Pobre lechera!
¡Qué compasión!
Adiós leche, dinero, huevos, pollos, vaca y ternero.
15 ¡Oh, loca fantasía!
¡Qué palacios construyes en el viento! (...)

Texto adaptado

b. **Todas las fábulas acaban con una moraleja, una pequeña lección. Nosotros hemos recortado el final de *El cuento de la lechera*, pero, ¿cuál crees que es su moraleja?**

　　　　　1. No hay que tener demasiadas ilusiones. .... ☐
　　　　　2. El futuro es algo incierto, por eso hay que ser cuidadoso. ..☐
　　　　　3. Hay que ser ambicioso, pero no mucho. .... ☐

c. Une cada palabra con su definición o sinónimo.

1. Cántaro. •	• **a.** Cerdo.
2. Presteza. •	• **b.** Dinero neto, descontando impuestos.
3. En limpio. •	• **c.** Distraída, pensando en otras cosas.
4. Canasto. •	• **d.** Rapidez, agilidad.
5. Barriga. •	• **e.** Col.
6. Enajenada. •	• **f.** Cesta.
7. Sin tino. •	• **g.** Tripa, panza.
8. Estío. •	• **h.** Verano.
9. Cochino. •	• **i.** Vasija para llevar el agua u otro líquido.
10. Berza. •	• **j.** Sin control, sin medida.

d. En esta fábula aparecen algunos nombres de animales. Vamos a ampliar ese listado. ¿Puedes completar las siguientes palabras con las letras que faltan? Si lo consigues, tendrás el nombre de diez animales más.

1. T ☐ ☐ O   **6.** T ☐ B ☐ ☐ ☐

2. J ☐ ☐ ☐ F ☐   **7.** L ☐ R ☐

3. T ☐ ☐ T ☐ ☐ ☐   **8.** R ☐ ☐ ☐ N

4. D ☐ L ☐ ☐ ☐   **9.** Y ☐ G ☐ ☐

5. B ☐ ☐ ☐ ☐ N ☐   **10.** C ☐ ☐ ☐ J ☐

e. ¿Sabes qué es una onomatopeya? Se trata de la imitación del sonido de una cosa o ser.

Ejemplo: Los pájaros hacen *pío, pío.*

Une cada onomatopeya al animal u objeto que hace ese sonido.

1. Vaca •	• **a.** *Cuac, cuac*
2. Perro •	• **b.** *Muac*
3. Gato •	• **c.** *Muuuuuu*
4. Serpiente •	• **d.** *Tolón, tolón*
5. Pato •	• **e.** *Guau, guau*
6. Beso •	• **f.** *Miau*
7. Campana, cencerro •	• **g.** *Quiquiriquí*
8. Timbre •	• **h.** *Psttt*
9. Estornudo •	• **i.** *Achís*
10. Gallo •	• **j.** *Din, don*
11. Reloj •	• **k.** *Beeee*
12. Grillo •	• **l.** *Pum*
13. Explosión, golpe •	• **m.** *Tic, tac*
14. Oveja •	• **n.** *Cri, cri*

Unidad 18

18.1. Completa con la forma correcta de condicional simple e identifica qué función del condicional se realiza en cada una (cortesía, consejo, deseo o probablidad).

Ejemplo: *Me gustaría* salir de la ciudad algunos días.

➡ ..Expresión.de.deseo..

1. Yo que tú *(irse)* .... al campo y *(desconectar)* .... de todo por un tiempo. Así no puedes seguir.

   ➡ ....

2. ▷ ¿A qué hora llegasteis a Lleida?

   ▶ No sé, *(ser)* .... las diez y media u once, no me acuerdo bien.

   ➡ ....

3. ¿*(Importar, a usted)* .... abrir la ventana? Tengo mucho calor.

   ➡ ....

4. Yo *(venir)* .... todas las semanas a esquiar, pero es demasiado caro.

   ➡ ....

5. No sé cuantos éramos en la manifestación, pero *(ser)* .... unas cinco mil personas, por lo menos.

   ➡ ....

6. ¿*(Poder, usted)* .... traernos la cuenta?

   ➡ ....

7. ▷ ¡Qué guapa estaba tu tía en esa foto! ¿Quién era ese?

   ▶ *(Ser)* .... su ligue, cambiaba tan rápido de chico que no nos daba tiempo de conocerlos a todos.

   ➡ ....

8. *(Deber, tú)* .... tranquilizarte y no darle mayor importancia, ten en cuenta que Jaime es así.

   ➡ ....

9. Yo en tu lugar *(hablar)* .... con él y *(arreglar)* .... las cosas de una vez.

   ➡ ....

10. ▷ ¿Cuánto te costó esa camisa? Es preciosa.

    ▶ No me acuerdo, *(valer)* .... unos 20 euros; no era muy cara.

    ➡ ....

11. Si yo fuera tú, le *(decir)* .... que sí, es una oferta estupenda.

    ➡ ....

12. *(Tener, tú)* .... que cortarte el pelo, estás más guapa cuando lo llevas corto.

    ➡ ....

13. ¿Me *(dejar, tú)* .... el abrigo rojo esta noche? Es que me encanta.

    ➡ ....

14. Yo *(volver)* .... con Ricardo, está loco por ti, le *(dar)* .... una oportunidad.

    ➡ ....

15. A mis padres *(encantar)* .... cenar con vosotros algún día.

    ➡ ....

18.2. **Intenta volver a escribir estas frases en un registro más formal utilizando el condicional simple.**

Ejemplo: ¿Puede pasarme la sal, por favor?

.....¿**Podría** pasarme la sal, por favor?...

1. ¿Tiene la amabilidad de dejarme pasar?

....

2. ¿Le importa si cojo el azucarero?

....

3. ¿Te molesta bajar el volumen de la tele?

....

4. ¿Puedo coger el periódico, por favor?

....

5. ¿Sabe a qué hora sale el tren?

....

6. ¿Tiene algo para quitar esta mancha de la camisa?

....

7. ¿Tienes algo de comer? ¡Me muero de hambre!

....

8. Dame una manzana, me apetece.

....

9. Ponme otro plato, está buenísimo.

....

10. ¿Me trae la cuenta, por favor?

....

18.3. **a.** **Transforma estas formas de futuro imperfecto en condicional simple.**

Futuro imperfecto	Condicional	Futuro imperfecto	Condicional
Ejemplo: Comeré	*Comería*		
1. Saldrán	....	**8.** Sabrás	....
2. Habrá	....	**9.** Pensaremos	....
3. Dormiréis	....	**10.** Cabrá	....
4. Viviremos	....	**11.** Querréis	....
5. Haré	....	**12.** Tendrás	....
6. Dirán	....	**13.** Volverás	....
7. Valdrá	....	**14.** Cabremos	....

Futuro imperfecto	Condicional		Futuro imperfecto	Condicional
15. Seremos	....		**18.** Vendrá	....
16. Estaré	....		**19.** Hablaremos	....
17. Estudiaréis	....		**20.** Pondré	....

18.4. **Une a cada persona con su deseo.**

> **Un mendigo • Un cura • Un hippie • Un don Juan • Una feminista •**
> **Una flor • Un niño • Un perro • Una bruja • Un médico**

1. Me gustaría comer el hueso más grande del mundo. ....

2. Desearía tener más fieles en mi iglesia. ....

3. Me encantaría vivir en una montaña sin contaminación y
ser la más hermosa de todas. ....

4. Me gustaría curar a todos los enfermos del mundo. ....

5. Me gustaría encontrar una mujer muy bella y enamorarme
de una vez por todas. ....

6. Desearía cambiar de escoba. ¡La mía está tan vieja! ....

7. Me encantaría tener una casa con comida y dormir en una cama blanda. ....

8. Desearía acabar con las desigualdades de género. ....

9. Me gustaría estar jugando todo el día, no tener que ir a la escuela y
no tener que comer sopa nunca más. ....

10. Desearía resucitar a John Lennon. ....

18.5. **Completa los espacios con los verbos conjugados en condicional. Después, une cada consejo a su problema.**

A. *(Deber)* .... ir al especialista.

B. Yo que tú lo *(dejar)* .... inmediatamente.

C. Yo en tu lugar le *(pedir)* .... dinero a tus padres o a algún amigo.

D. Yo *(golpear)* .... la pared o *(poner)* .... la tele muy alta mientras ellos duermen.

E. Yo que tú *(romper)* .... el ordenador.

F. *(Poder)* .... acudir a un psicólogo.

G. Yo que tú no *(preocuparse)* .... Los calvos son muy atractivos.

H. Yo *(buscar)* .... otro trabajo.

I. *(Tener)* .... que hablar con él y explicarle claramente tus objetivos en la vida.

J. Yo que tú los *(reunir)* .... a todos y les *(decir)* .... la verdad.

---

1. Me estoy muriendo de dolor de estómago. .... ☐

2. Desde hace un tiempo mi marido es adicto a Internet. .... ☐

3. Me he quedado sin trabajo y no sé cómo pagar el alquiler. .... ☐

4. Mi jefe me hace los días imposibles. Estoy muy estresada. .... ☐

5. Mi novio me ha sido infiel con mi mejor amiga. .... ☐

6. Mi novio quiere tener hijos y yo no sé cómo decirle que odio la idea. .... ☐

7. Mis vecinos me despiertan todas las noches. Ponen la música altísima a las tantas.......☐

8. Se me cae el pelo y estoy muy acomplejado. ....☐

9. Soy homosexual pero ni mi familia ni mis amigos lo saben porque me da miedo decírselo. ☐

10. Tengo terribles pesadillas por las noches. No quiero irme a dormir. ....☐

18.6. **Corrige el error si es necesario.**

Ejemplo: Yo que tú ~~dejarías~~ el trabajo y ~~buscarías~~ otra cosa.
............Yo que tú **dejaría** el trabajo y **buscaría** otra cosa. ....

1. Anoche llegaremos más o menos a las 3, pero no lo recuerdo bien.
....

2. ¿Podríamos venir a buscarme? Es que mi coche se ha estropeado.
....

3. No sé qué les pasará ayer pero estaban todos muy nerviosos.
....

4. Nosotros tendrás que decidir de una vez cuál va a ser la línea de nuestra colección de verano.
....

5. No sé cuánto nos costó el hotel, pero serán unos 60 euros.
....

6. Deberías ir al médico, estás fatal.
....

7. Podríamos hacer una excursión este fin de semana, ¿verdad?
....

8. Nos encantaría volver a veros pronto.
....

9. No sé, vendrán a las 7 más o menos pero no miré la hora cuando llegaron.
....

10. ¿Qué hará Francisco ayer por la noche? Estuvo haciendo ruido hasta las tantas.
....

11. No nos dirán lo que sucedió hasta dentro de mucho tiempo.
....

12. Pensaba que reaccionarías de otra forma, me has sorprendido.
....

13. Yo que tú me aseguraría de lo que dices antes de hablar.
....

14. Me gustarías más con el pelo largo.
....

15. ¿Podría coger esta silla, por favor?
....

16. El sofá valdrán unos 1200 euros más o menos.
....

17. Saldré con vosotros esta noche, pero es que estoy muy cansada.
....

Unidad 19

19.1. Cambia las siguientes formas del imperativo afirmativo siguiendo el modelo.

	Tú	Usted	Vosotros	Ustedes
1.	Habla	Hable	Hablad	Hablen
2.				Lean
3.		Viva		
4.	Da			
5.			Mandad	
6.				Envíen
7.		Comprenda		
8.			Decidid	
9.	Contesta			
10.				Bailen
11.		Empiece		
12.				Comiencen
13.			Salid	
14.	Ven			
15.	Sigue			
16.			Volved	
17.				Digan
18.		Juegue		
19.	Piensa			
20.			Poned	

19.2. Completa con la forma correcta de imperativo afirmativo.

1. .... *(Decir, tú)* la verdad, es mucho mejor.

2. .... *(Comprar, vosotros)* un kilo de tomates si vais al supermercado.

3. .... *(Comprender, usted)* que la situación es delicada.

4. .... *(Poner, tú)* esas flores en un jarrón.

5. .... *(Cerrar, vosotros)* la puerta al salir.

6. .... *(Entender, ustedes)* que no podemos hacer lo que nos piden.

7. .... *(Salir, tú)* fuera un rato y .... *(jugar, tú)* con tus amigos.

8. .... *(Tener, tú)* en cuenta que tenemos poco dinero.

9. ¡ .... *(Hacer, tú)* lo que te digo y .... *(venir, tú)* aquí!

10. .... *(Saber, ustedes)* que desde ahora no se permitirá fumar aquí.

11. .... *(Venir, usted)* a nuestro hotel y .... *(disfrutar, usted)*.

12. .... *(Construir, usted)* su futuro desde hoy.

13. .... *(Pensar, ustedes)* que pronto se pondrá bien.

14. .... *(Vestirse, tú)* rápido o no llegarás a tiempo.

15. .... *(Ducharse, tú)* más tarde, ahora voy yo que tengo prisa.

16. .... *(Levantarse, vosotros)* que es tarde.

17. .... *(Empezar, vosotros)* a estudiar si queréis aprobar.

18. .... *(Pedir, tú, a mí)* una cerveza.

19. .... *(Llamar, tú, a mí)* cuando llegues.

20. .... *(Salir, ustedes)* despacio y sin empujar.

19.3. **Construye frases con las palabras dadas; utiliza para ello el imperativo afirmativo y sustituye el objeto directo y el indirecto por sus pronombres respectivos.**

Ejemplo: Dar, tú / el regalo / a Luis ....*Dáselo*..

1. Comprar, tú / flores / a mis padres ....

2. Bailar, ustedes / salsa ....

3. Decir, ustedes / todo / al juez ....

4. Pagar, vosotros / la deuda / a nosotros ....

5. Comerse, tú / la manzana ....

6. Beberse, usted / la bebida ....

7. Coger, tú / mi chaqueta / a mí ....

8. Devolver, usted / la cartera / a mí ....

9. Cambiar, vosotros / el billete / a nosotros ....:

10. Escribir, tú / la carta / a María ....

19.4. **Transforma las siguientes peticiones en órdenes.**

Ejemplo: ¿Me traerías mi chaqueta, por favor?
....*Tráeme* mi chaqueta, por favor...

1. ¿Me darías un vaso de agua?

   ....

2. ¿Me pondrías esta película?

   ....

3. ¿Me diría dónde está Álvaro?

   ....

4. ¿Llamarías a Juan por mí?

....

5. ¿Podrían venir conmigo?

....

6. ¿Harían el favor de marcharse?

....

7. ¿Podría cerrar la puerta?

....

8. ¿Me pasarías el pan, por favor?

....

9. ¿Me ayudarías a subir esa caja?

....

10. ¿Me acercarías en coche a la estación?

....

19.5. **Cambia de imperativo afirmativo a negativo estos verbos.**

Ejemplo: ¡Callaos, por favor! ....No os calléis..

1. ¡Venid ya!	**11.** ¡Mentid menos!...................................
2. ¡Tened cuidado!...................................	**12.** ¡Pidan la cuenta! ....
3. ¡Date prisa!	**13.** ¡Calcule el presupuesto! ....
4. ¡Sal por aquí!.....................................	**14.** ¡Sea feliz!...
5. ¡Poned la mesa!.................................	**15.** ¡Ve despacio! ....
6. ¡Pensad en ello!.................................	**16.** ¡Dime tu nombre! ....
7. ¡Haz esto!	**17.** ¡Sepa usted que...!............................
8. ¡Traigan la comida!	**18.** ¡Conoced nuestra ciudad! ....
9. ¡Empieza a hablar!.............................	**19.** ¡Jugad al ajedrez! ....
10. ¡Contad hasta cien!	**20.** ¡Vuelvan pronto! ....

19.6. **Cambia las frases de imperativo afirmativo a imperativo negativo.**

Ejemplo: Mándamelo por e-mail.

..........**No me lo mandes** por e-mail...

1. El vestido comprádselo rojo.

....

2. Llévamelo a casa.

....

3. Sácalo a pasear solo dos veces al día.

....

4. El abrigo ponlo donde quieras.

....

5. Déjamelo a mí.

....

6. Salid del coche.

....

7. Háganlo de esa forma para no tener problemas.

....

8. Vaya allí para informarse.

....

9. Cójalo firmemente.

....

10. Tráigamelo.

....

19.7. **Construye frases utilizando los pronombres de objeto directo y/o objeto indirecto y el imperativo negativo.**

Ejemplo: Leer, tú / el periódico .... No lo leas. ....

   1. Hablar, tú / a Luis ....

   2. Sacar, vosotros / el perro...

   3. Traer, ustedes / los muebles / a Pepa ....

   4. Llevar, tú / disco / a Miguel ....

   5. Subir, ustedes / las escaleras ....

   6. Contar, vosotros / el dinero..

   7. Decir, ustedes / la verdad / a Bea ....

   8. Pedir, usted / Las explicaciones / al encargado ....

   9. Explicar, vosotros / el problema / a mí ....

  10. Decidir, vosotros / el tema ....

19.8. **Corrige el error si es necesario.**

Ejemplo: ¡Hace la salsa!

        ¡Haz la salsa! ....

   1. Cógeme el abrigo, por favor.

....

   2. Pásame el teléfono.

....

   3. ¡Te calla un segundo!

....

   4. No digame nada.

....

   5. Comprobad que todo está bien.

....

6. Sentaos, por favor.

....

7. No lo me llevéis a clase, no lo necesito, gracias.

....

8. Quico, sale fuera un rato.

....

9. Te pone el abrigo que hace frío.

....

10. No vayáis allí, es peligroso.

....

19.9. **A continuación, te presentamos una guía de primeros auxilios.**

LO QUE DEBES HACER

1. Guardar siempre la calma.

2. Poner la herida bajo el agua fría durante unos 10 minutos.

3. Comprimir la herida durante 5 minutos.

4. Sacar a la persona al aire libre y no darle nada para beber.

5. Sacar el aguijón y poner hielo envuelto en una toalla para evitar el dolor y bajar la inflamación.

6. Ir al médico.

LO QUE NO DEBES HACER

1. Dejarte llevar por el pánico.

2. Tirar agua en un fuego de origen desconocido.

3. Mover a un herido que tiene un hueso roto.

4. Poner aceite o pasta de dientes sobre la quemadura.

5. Golpear a alguien que se ha tragado un objeto sólido.

6. Hacer vomitar a una persona con quemaduras en la boca.

7. Tocar a la víctima hasta cortar la corriente eléctrica.

Con esta guía de primeros auxilios, ofrece consejos a los siguientes problemas:

Ejemplo: Si estás en una situación de peligro, te aconsejo......*que no te dejes llevar por*..........

........*el pánico y guardes la calma.*..

1. Si te pica un insecto, te aconsejo ....

....

2. Si un herido tiene el brazo roto, te recomiendo ....
....

3. Si te quemas, te sugiero ....
....

4. Si no sabes qué hacer, te aconsejo ....
....

5. Si hay alguien electrocutado, te recomiendo ....
....

6. Si alguien se ha tragado una moneda, te aconsejo ....
....

7. Si hay un incendio, te recomiendo ....
....

8. Si alguien se intoxica con gas, te sugiero ....
....

9. Si te cortas con un cuchillo y te sale mucha sangre, te aconsejo ....
....

19.10. **Completa los espacios vacíos con el verbo en subjuntivo.**

1. ▷ Señor agente, yo no he hecho nada.
▶ Le exijo que *(callarse)* ...., *(bajarse)* .... del coche y *(enseñar, a mí)* .... los papeles del vehículo.

2. ▷ ¿Y qué haces cuando tu hijo no te obedece?
▶ Pues le obligo a que *(ponerse)* .... el pijama y *(meterse)* .... en la cama. Otras veces le prohíbo que *(jugar)* .... con sus amigos o que *(ver)* .... la televisión.

3. ▷ ¡No pienso hacer los deberes!
▶ Te ordeno que los *(hacer)* .... ahora mismo o te suspendo la asignatura.

4. ▷ ¡Eres idiota!
▶ Te prohíbo que *(hablar, a mí)* .... así. Soy tu padre.

5. ▷ Mamá, mañana es el cumpleaños de Juan y hace una fiesta. ¿Puedo ir?
▶ Te dejo que *(ir)* .... si me ayudas ahora a ordenar la casa.

6. ▷ Doctor, ¿puedo comer queso? Me gusta muchísimo.
▶ Le permito que *(comer)* .... productos lácteos, pero le prohíbo que *(consumir)* .... huevos.

7. ▷ ¿Vienes conmigo a la biblioteca? Voy a buscar unos libros para el trabajo de sociales.
▶ Ahora no puedo, mi madre acaba de pedirme que *(acompañar, a ella)* .... al supermercado a hacer la compra de la semana.

8. El juez les ordena que *(devolver, ellos)* .... los objetos robados y que *(cumplir)* .... una pena de seis meses en prisión.

9. ▷ No puedo más, me voy.
▶ Te ruego que *(quedarse, tú)* .... y *(ayudar, a mí)* ....

RESUMEN GRAMATICAL

Pronunciación y ortografía

El español es una lengua que no presenta un sistema fonético excesivamente complejo en comparación con otras lenguas.

Letra	Nombre de la letra	Pronunciación	Ejemplo
A, a	a	/a/	cubana, abogado
B, b	be	/b/	Barcelona, bien
C, c	ce	/k/, /s/ (dialectos seseantes) /θ/ (dialectos no seseantes)	Rebeca, cerveza
Ch, ch*	che	/t.ʃ/	Chipre, coche
D, d	de	/d/	dedo, dormir
E, e	e	/e/	ejemplo, estudiar
F, f	efe	/f/	fácil, frío
G, g	ge	/g/, /x/	gato, Gema
H, h	hache	-	helado, hola
I, i	i	/i/	Internet, iglesia
J, j	jota	/x/	jersey, jueves
K, k	ka	/k/	Kuwait, kilogramo
L, l	ele	/l/	elefante, leche
Ll, ll*	elle	/ʎ/	lluvia, sevillanas
M, m	eme	/m/	Marcos, mesa
N, n	ene	/n/	tener, nariz
Ñ, ñ	eñe	/ɲ/	niño, señal
O, o	o	/o/	domingo, médico
P, p	pe	/p/	París, película
Q, q	cu	/k/	queso, esquimal
R, r	erre	/r/, /ɾ/	perro, escalera
S, s	ese	/s/	Suecia, silla
T, t	te	/t/	Toledo, estufa

Letra	Nombre de la letra	Pronunciación	Ejemplo
U, u	u	/u/	ciudad, luz
V, v	uve	/b/	**V**alencia, **v**erde
W, w	uve doble	/w/	**W**ashington, ki**w**i
X, x	equis	/ks/, /gs/	e**x**tranjero, ta**x**i
Y, y	i griega	/j/	**y**ate, Urugua**y**
Z, z	zeta, ceta	/s/ (dialectos seseantes) /θ/ (dialectos no seseantes)	**z**apato, a**z**ul

* La **ch** y la **ll** representan un sonido.

■ **Reglas de ortografía y pronunciación.**

- La lengua española no admite los dígrafos "ph" y "th".
- No dispone de sistema tonal y su acento es siempre de intensidad (se pronuncia con más fuerza, no más agudo).
- La letra "c" se pronuncia como [s] (o [θ] en algunas partes de España) ante "e," "i", y como delante de cualquier otra letra. Por extensión, el dígrafo "cc" se pronuncia [ks] ([kθ] como en *acción*.
- La "g" se pronuncia como [g] delante de la "a", "o", "u", y como [x] ante "e", "i".
- Además existen las grafías "gue", "gui", "güe", "güi", cuyo uso se resume habitualmente de esta forma:

> Para provocar el sonido [ge] [gi] se intercala una "u" entre la "g" y la vocal en cuestión. Si quieres que esta "u" sea sonora en vez de muda, debes escribirla con diéresis, de esta forma: Ü, ü (para el alfabeto, se considera como una "u" normal).

- La "h" es completamente muda en palabras españolas por razones de etimología.
- La "ll", se pronuncia como [y].
- No existe ninguna palabra con una letra "q" a solas. Siempre tendrá una "u" detrás, que será muda. Ejemplo: *queso* [késo].
- La "r" tiene dos formas de leerse, según los casos:

> Si es "r" simple en posición intervocálica o final, como sonido suave. Ejemplo: *caro*.

> Si es "r" doble (rr) en posición intervocálica o simple a principio de palabra, como sonido fuerte. Ejemplo: *carro*. Después de l, n, s los sonidos son también fuertes.

- El sonido del fonema /s/ es [s] aunque hay zonas del mundo hispánico donde se cecea y, por tanto, se pronuncia como [θ].
- "Y" se pronuncia como [i] a final de palabra y cuando es conjunción. En el resto de los casos, se comporta como una consonante y se pronuncia [y].
- La "x" se puede pronunciar de las dos formas que aparecen en el cuadro anterior.
- El sonido de la letra "v" a efectos de pronunciación no se distingue de la "b".
- La pronunciación de la "w" depende únicamente del origen de la palabra (normalmente se pronuncia como [w], pero no siempre).
- Al principio de la palabra, no se pronuncia el primer fonema de los grupos "ps", "mn", "gn".

El artículo

El artículo tiene que llevar el mismo género y número que el nombre al que acompaña. Hay dos clases de artículo: determinado e indeterminado.

■ **Artículo determinado:** sirve para identificar y hablar de un objeto o ser que conocemos o del que ya hemos hablado anteriormente.

■ **Artículo indeterminado:** sirve para hablar de un objeto o ser por primera vez.

	masculino	femenino		masculino	femenino
singular	el	la	**singular**	un	una
plural	los	las	**plural**	unos	unas

– En clase hay **un** estudiante griego. **El** estudiante griego está ahora en clase de gramática.

Omisión del artículo determinado. El artículo no aparece con:

• Nombres propios: Eduardo es muy simpático.

• Verbo **ser**, **estar** + días de la semana, estaciones del año: Hoy es lunes; Estamos en verano.

Recuerda:

• De + el = del ➡ Este es el libro del alumno.

• A + el = al ➡ Vamos al cine.

El género del sustantivo

En español el nombre puede ser gramaticalmente masculino o femenino.

■ Suelen ser nombres de **género masculino:**

• Los nombres de personas y animales de **sexo masculino:** el profesor, el león.

• Los nombres terminados en **-o, -or, -aje:** el bolígrafo, el calor, el equipaje.

• La mayoría de los nombres de **árboles:** el manzano, el peral, el naranjo.

• Los nombres de los **días de la semana:** el lunes, el domingo.

Recuerda: la mano, la radio.

■ Suelen ser nombres de **género femenino:**

• Los nombres de personas y animales de **sexo femenino:** la profesora, la leona.

• Los nombres terminados en **-a, -consonante:** la mesa, la ciudad, la razón.

Recuerda: el problema, el día, el mapa, el diploma.

Generalmente el femenino se forma a partir del masculino:

• **-o > -a:** chico/chica.

• Se añade una **-a** a la palabra masculina que termina en **-or:** profesor/profesora.

Recuerda: el hombre/la mujer, el rey/la reina, el padre/la madre.

El número

En español el nombre puede expresarse gramaticalmente en singular o en plural.

Nombres terminados en:

• **Vocal + s:** la gata/las gatas.

• **Consonante, y, í + es:** la amistad/las amistades, el rey/los reyes, el esquí/los esquís.

• **z > ces:** el pez/los peces.

Recuerda: el paraguas/los paraguas, las gafas, las tijeras **(siempre en plural)**.

El adjetivo

El adjetivo tiene que llevar el mismo género y número que el nombre al que acompaña: *el alumno* **sueco**/*los alumnos* **suecos**.

Si el adjetivo se refiere a dos o más sustantivos y uno es masculino, el adjetivo será masculino.

- Los adjetivos que terminan en **-o** forman el femenino en **-a**: *mal**o**/mal**a***.
- Los adjetivos que terminan en consonante forman el femenino añadiendo una **-a**: *español/española*.
- Algunos adjetivos que terminan en consonante son invariables: *difícil, joven*.
- El plural de los adjetivos se forma añadiendo una **-s** cuando el adjetivo termina en vocal y **-es** cuando termina en consonante: *guapo/guapo**s**, joven/jóven**es***.

Los adjetivos **bueno, malo, primero, tercero**, cuando son masculino singular y van delante de un nombre, pierden la **-o: buen, mal, primer, tercer**.

- *Es un chico muy **bueno*** ➜ *Es un **buen** chico.*
- *Me parece un ejemplo muy **malo*** ➜ *Me parece un **mal** ejemplo.*
- *Vive en el piso **primero/tercero*** ➜ *Vive en el **primer/tercer** piso.*

Asimismo, el adjetivo **grande** se convierte en **gran** cuando va delante de un nombre.

Recuerda: la posición del adjetivo en el enunciado puede producir cambios en el significado.
- *Es un hombre muy **grande*** (se refiere a su tamaño).
- *Es un **gran** hombre* (es un hombre bondadoso).

Los comparativos

■ **Comparativos regulares:**

- Superioridad: **más** + adjetivo + **que** ➜ El avión es *más* rápido *que* el coche.
- Inferioridad: **menos** + adjetivo + **que** ➜ Ir en bici es *menos* cómodo *que* ir en tren.
- Igualdad: **tan** + adjetivo + **como** ➜ Mi casa es *tan* grande *como* la tuya.

■ **Comparativos irregulares:**

- Bueno, -a, -os, -as: **mejor/mejores** + que ➜ Mi móvil es *mejor* que el tuyo.
- Malo, -a, -os, -as: **peor/peores** + que ➜ Tu móvil es *peor* que el mío.
- Grande, -es: **mayor/mayores** + que ➜ Tus hermanos son *mayores* que tú.
- Pequeño, -a, -os, -as: **menor/menores** + que ➜ Mi sobrina Rebeca es *menor* que mi sobrino Marcos.

Los pronombres y adjetivos demostrativos

	masculino			femenino			neutro		
singular	este	ese	aquel	esta	esa	aquella	esto	eso	aquello
plural	estos	esos	aquellos	estas	esas	aquellas			

■ **Uso de los pronombres y los adjetivos demostrativos.**

Los adjetivos demostrativos acompañan al nombre y concuerdan con él en género y número:

  – **Este** libro es mío.

  – ¿De quién son **aquellas** hojas que hay encima de la mesa?

  – **Esos** bolígrafos no funcionan.

Los pronombres demostrativos no acompañan al nombre, pero concuerdan en género y número con el nombre al que nos referimos:

▷¡Hola, Encarna! ¿Cómo estás?　　　　　　　　▷¿Te gustan **estos** plátanos?

▶Muy bien, gracias. Mira, **esta** es Manuela, mi hermana.　　▶ No, me gustan **aquellos**.

Esto, eso y **aquello** son pronombres demostrativos neutros que usamos cuando no conocemos el nombre de alguna cosa:

▷¿Qué es **esto**?　　　　　▷¿Qué es **eso**?　　　　　▷¿Qué es **aquello**?

▶Es una lámpara.　　　　　▶ Es un teléfono móvil.　　　▶Son unas zapatillas.

Usamos **este, esta, estos, estas** y **esto** cuando nos referimos a algo cercano a nosotros. Los relacionamos con el adverbio **aquí**:

  – **Este** es mi móvil.

Usamos **ese, esa, esos, esas** y **eso** cuando nos referimos a algo menos cercano a nosotros. Los relacionamos con el adverbio **ahí**:

  – **Esas** botas son de Luis.

Usamos **aquel, aquella, aquellos, aquellas** y **aquello** cuando nos referimos a algo lejano a nosotros. Los relacionamos con el adverbio **allí**:

  – **Aquella** bicicleta es de mi primo.

Los pronombres y adjetivos posesivos

Los posesivos establecen una relación de pertenencia entre objetos y personas. Concuerdan en género y número con la cosa poseída, no con la persona poseedora.

un poseedor			uno o más poseedores		
	adjetivo	pronombre		adjetivo	pronombre
Yo	mi/s	mío/a/os/as	Nosotros/as	nuestro/a/os/as	nuestro/a/os/as
Tú	tu/s	tuyo/a/os/as	Vosotros/as	vuestro/a/os/as	vuestro/a/os/as
Él/ella/usted	su/s	suyo/a/os/as	Ellos/ellas/ustedes	su/s	suyo/a/os/as

• Los adjetivos posesivos van delante del nombre: Mi amigo Pedro es andaluz.

• Los pronombres posesivos pueden ir acompañados del artículo (el/la/los/las): Su casa es más grande que la mía.

Los pronombres personales

■ **Pronombres de sujeto.**

• Sirven para referirse a las personas que intervienen en la conversación.

	singular	plural
1.ª persona	yo	nosotros/as
2.ª persona	tú	vosotros/as
3.ª persona	él/ella/usted	ellos/ellas/ustedes

Recuerda: los pronombres de tercera persona cambian dependiendo del género y el número del nombre al que sustituyen.

■ **Pronombres de objeto directo.**

persona	pronombre
Yo	**me**
Tú	**te**
Él/ella/usted	**la/lo (le)**

persona	pronombre
Nosotros/as	**nos**
Vosotros/as	**os**
Ellos/ellas/ustedes	**las/los**

■ **Usos del pronombre de objeto directo.**

• Usamos el pronombre de objeto directo para sustituir al nombre y evitar su repetición:

▷ ¿Tienes **el libro de matemáticas**? ▷ ¿Quién compra **la tarta de cumpleaños**?

► Sí, **lo** tengo en mi casa. ► Yo, yo **la** compro.

• Los pronombres de objeto directo siempre van delante del verbo:

▷ ¿Vais a limpiar **las habitaciones**? ▷ ¿Dónde hacen Laura y Javier **los deberes**?

► Sí, **las** vamos a limpiar más tarde. ► **Los** hacen en la biblioteca.

• Si el verbo va en infinitivo o gerundio, el pronombre también puede ir detrás:

▷ ¿Estás estudiando la lección? ▷ ¿Compras tú el pan?

► Sí, estoy estudiándo**la**. ► Sí, ahora voy a comprar**lo**.

  (Sí, **la** estoy estudiando). (Sí, ahora **lo** voy a comprar).

Recuerda: si ponemos el pronombre detrás del gerundio o del infinitivo lo escribimos todo junto, formando una sola palabra.

Solo cuando el nombre sustituido es de persona, masculino y singular, puede usarse el pronombre **lo** o el pronombre **le** indistintamente y sin producir falta gramatical.

– Carmen quiere mucho a Francisco.

– Carmen **lo/le** quiere mucho.

■ **Pronombres de objeto indirecto.**

persona		pronombre
Yo	(a mí)	**me**
Tú	(a ti)	**te**
Él/ella/usted	(a él/ella/usted)	**le**
Nosotros/as	(a nosotros/as)	**nos**
Vosotros/as	(a vosotros/as)	**os**
Ellos/ellas/ustedes	(a ellos/ellas/ustedes)	**les**

Recuerda: los verbos gustar o doler van siempre acompañados del pronombre de objeto indirecto:

▷ ¿**Te** gusta el gazpacho?

► Sí, **me** encanta.

- Cuando en la frase o enunciado aparecen los pronombres objeto (directo e indirecto) juntos, el pronombre objeto directo se coloca detrás (a continuación) del objeto indirecto:

  – ¿Tienes un bolígrafo? ¿Me **lo** dejas?

- El pronombre de objeto indirecto **(le/les)** cambia por se cuando va delante del pronombre de objeto directo de tercera persona: **lo (le), la, los (les), las:**

  ▷¿Le has comprado el regalo a tu padre?

  ▶Sí, ya **se** lo he comprado.

Los pronombres reflexivos

Estos pronombres se usan para expresar que el sujeto hace y recibe la acción expresada por el verbo. Desde el punto de vista de la forma, se corresponden con el sujeto y se colocan delante del verbo.

	reflexivos	verbo (levantarse)		reflexivos	verbo (levantarse)
Yo	me	levanto	Nosotros/as	nos	levantamos
Tú	te	levantas	Vosotros/as	os	levantáis
Él/ella/usted	se	levanta	Ellos/ellas/ustedes	se	levantan

Estas formas acompañan siempre a los verbos reflexivos como: *ducharse, vestirse, lavarse, sentarse.*

Recuerda: cuando van en infinitivo o gerundio el pronombre reflexivo puede ir detrás del verbo.

  – Juan no quiere levantar**se**.

  – María está duchándo**se**.

Los numerales

■ **Los números cardinales.**

30	treinta	50	cincuenta	110	ciento diez
31	treinta y uno	52	cincuenta y dos	122	ciento veintidós
32	treinta y dos	60	sesenta	135	ciento treinta y cinco
33	treinta y tres	63	sesenta y tres	200	doscientos
34	treinta y cuatro	70	setenta	300	trescientos
35	treinta y cinco	74	setenta y cuatro	400	cuatrocientos
36	treinta y seis	80	ochenta	500	quinientos
37	treinta y siete	85	ochenta y cinco	600	seiscientos
38	treinta y ocho	90	noventa	700	setecientos
39	treinta y nueve	96	noventa y seis	800	ochocientos
40	cuarenta	100	cien	900	novecientos
41	cuarenta y uno	101	ciento uno	1000	mil

Recuerda: *cien* se usa solamente para designar la cifra 100. El resto es *ciento.*

  – Tengo **cien** euros para toda la semana.   – En este curso hay **ciento** trece alumnos.

■ Los números ordinales.

1.° / 1.ª	primero/primera		**6.° / 6.ª**	sexto/sexta
2.° / 2.ª	segundo/segunda		**7.° / 7.ª**	séptimo/séptima
3.° / 3.ª	tercero/tercera		**8.° / 8.ª**	octavo/octava
4.° / 4.ª	cuarto/cuarta		**9.° / 9.ª**	noveno/novena
5.° / 5.ª	quinto/quinta		**10.° / 10.ª**	décimo/décima

Los pronombres y adjetivos indefinidos

■ Variables.

adjetivos		
	singular	plural
afirmativo	algún/alguna	algunos/algunas
negativo	ningún/ninguna	ningunos/ningunas

pronombres		
	singular	plural
afirmativo	alguno/alguna	algunos/algunas
negativo	ninguno/ninguna	ningunos/ningunas

■ Invariables.

pronombres		
	persona	cosa
afirmativo	alguien	algo
negativo	nadie	nada

Recuerda: los adjetivos y pronombres indefinidos variables concuerdan en género y número con la palabra que acompañan.

■ Uso de los adjetivos y los pronombres indefinidos variables.

Usamos los indefinidos para hablar de la existencia o no de algo o de alguien.

• Usamos **algún, alguno, alguna, algunos, algunas** y **ningún, ninguno, ninguna** cuando nos referimos a personas y a cosas:

▷ *¿Tienes **algún** juego de fútbol de la Play Station 2?*   ▷ ***Algunas** personas comen sin sal.*

▶ *No, no tengo **ninguno**.*

• **Alguno** o **ninguno** pierden la **-o** cuando van delante de un nombre masculino singular y entonces los escribimos con acento: **algún, ningún**:

▷ *¿Tienes **algún** juego de fútbol de la PlayStation 2?*

▶ *No, no tengo **ninguno**. ➜ No, no tengo **ningún** juego de fútbol.*

– *Hay refrescos en el frigorífico, ¿quieres **alguno**? ➜ ¿Quieres **algún** refresco?*

Recuerda: normalmente no usamos ***ningunos, ningunas***.

■ Uso de los pronombres indefinidos invariables.

• Cuando hablamos de personas usamos **alguien** y **nadie**:

▷ *¿Hay **alguien** en el comedor?*

▶ *No, no hay **nadie**.*

• Cuando hablamos de cosas usamos **algo** y **nada**:

▷ *¿Tienes **algo** en el cajón del armario?*

▶ *No, no tengo **nada**.*

Los pronombres interrogativos

Hay dos clases de pronombres interrogativos: variables e invariables.

■ **Interrogativos variables.**

　• **Cuánto, cuánta, cuántos, cuántas** + nombre / **Cuánto** + verbo:
　　▷¿**Cuántos** años tienes?　　　　▷¿**Cuánto** cuestan esas naranjas?
　　▶Tengo 37 años.　　　　　　　▶1 euro el kilo.

■ **Interrogativos invariables.**

　• **Qué** + nombre/verbo:
　　Usamos **qué** para preguntar por algo que desconocemos:
　　▷¿**Qué** queréis cenar?　　　　　▷¿**Qué** hora es?
　　▶ Pan con tomate y jamón.　　　　▶Son las seis menos diez.

　• **Dónde** + verbo:
　　Usamos **dónde** para preguntar el lugar:
　　▷¿**Dónde** queréis cenar?　　　　▷¿Dónde hay un restaurante allí?
　　▶Cerca del paseo marítimo.　　　　▶En la calle Trafalgar.

　• **Cómo** + verbo:
　　Usamos **cómo** para preguntar por el modo, la manera:
　　▷¿**Cómo** quieres la carne?　　　　▷¿**Cómo** puedo llegar a la calle Trafalgar?
　　▶En su punto, por favor.　　　　▶Sigue recto y toma la calle siguiente.

　　– A veces los interrogativos llevan delante una preposición:
　　　▷¿**A qué** hora vas a salir del trabajo?　　▷¿**De qué** color son tus zapatos?
　　　▶A las seis y media.　　　　　　　　　　▶Son marrones.

Los adverbios

El adverbio, desde un punto de vista formal, es invariable en género y número. Su función es la de matizar, precisar o ampliar el significado del adverbio, adjetivo o verbo al que acompaña.

■ **Adverbios de cantidad:** *muy, mucho, bastante, todo, nada, demasiado, poco…*

■ **Adverbios de lugar:** *aquí, ahí, allí, abajo, arriba, dentro, fuera, lejos, cerca…*

■ **Adverbios de tiempo:** *ayer, hoy, mañana, pronto, tarde…*

■ **Adverbios de frecuencia:** *siempre, nunca, casi siempre, a menudo, muchas veces, alguna vez, a veces…*

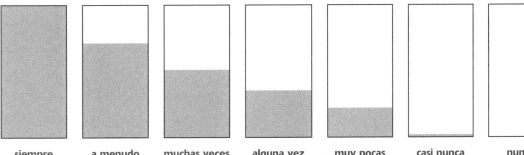

| siempre | a menudo | muchas veces | alguna vez a veces algunas veces | muy pocas veces | casi nunca | nunca |

■ **Adverbios de afirmación y negación:** *sí, no, también, tampoco, ciertamente, nunca, jamás...*

- Con los adverbios **también** y **tampoco** expresamos coincidencia o acuerdo con lo que dice otra persona:

▷ *Yo tengo coche.*
► *Yo **también**.*

▷ *A mí me encanta ir a la playa por la tarde.*
► *A mí **también**.*

▷ *Este año **no** voy de vacaciones.*
► *Nosotros **tampoco**.*

▷ ***No** me gustan los gatos.*
► *A mí **tampoco**.*

- Con los adverbios **sí** y **no** expresamos no coincidencia o desacuerdo con lo que dice otra persona:

▷ *Yo tengo coche.*
► *Yo **no**...*

▷ *A mí me encanta ir a la playa por la tarde.*
► *A mí, **no**.*

▷ *Este año **no** voy de vacaciones.*
► *Nosotros **sí**.*

▷ ***No** me gustan los gatos.*
► *A mí, **sí**.*

■ **Adverbios de duda:** *quizá(s), tal vez, seguramente...*

■ **Adverbios en -mente:** expresan modo y se forman a partir de un adjetivo, añadiendo al femenino la terminación **-mente:** *ciertamente, rápidamente, cómodamente...*

Las preposiciones

Es una partícula invariable que sirve para unir palabras y relacionarlas.

■ **A:**
- Esta preposición indica dirección y movimiento: *Vamos **a** Andorra.*
- Se usa para decir la hora: *Te espero **a** las nueve en punto.*

■ **Con/sin:**
- **Con** expresa compañía: *Voy al cine **con** Luis.*
- **Sin** expresa ausencia: *Estoy **sin** dinero.*

■ **De:**
- Indica posesión: *Este es el coche **de** mi hermano.*
- Materia: *Tengo un reloj **de** oro.*
- Origen: *Soy **de** Zaragoza.*

■ **Desde/hasta:**
- **Desde** indica el inicio de algo en el espacio y en el tiempo. **Hasta** expresa el final: *Estudio **desde** las dos **hasta** la hora de cenar; Voy andando **desde** mi casa **hasta** el trabajo.*

■ **En:**
- Indica el lugar donde se produce una acción determinada: *Los domingos como **en** casa de mis abuelos.*
- Se usa para expresar el lugar donde algo o alguien está situado: *Los libros están **en** la mesa.*

- Se usa junto a los nombres de las estaciones y los meses del año: *Jordi tiene vacaciones **en** octubre; **En** invierno vamos a esquiar.*
- Indica el medio de transporte: *Voy **en** metro.*

Recuerda: *Voy **a** pie/Voy **a** caballo.*

■ **Para:**
- Indica la finalidad u objetivo de algo: *Las vacaciones son **para** descansar.*
- Indica el destinatario o beneficiario de algo: *Esta carta es **para** ti.*
- Expresa la dirección del movimiento: *Voy **para** Cádiz.*

■ **Por:**
- Indica causa: *He perdido el autobús **por** no despertarme temprano.*
- Se usa para expresar un periodo de tiempo: *Estudio **por** la mañana.*
- Indica el medio: *El paquete llega **por** avión.*
- Indica precio: *Lo compro **por** cien euros.*
- **"A través de"** : *El tren para Madrid pasa **por** Córdoba.*

PRISMA DE EJERCICIOS. RESUMEN GRAMATICAL

■ **Verbos de movimiento con preposición.**

• *Estar en*	• *Ir a*	• *Entrar en*	• *Venir de*
• *Salir de*	• *Llegar a*	• *Volver a*	

¡Adiós!

¡Adiós!

Salir de

Ir a

Llegar a

Volver a

Venir de

¿Vienes de comprar?

No, vengo de la escuela.

ESCUELA

Entrar en

¡Vamos!

Llegar a

¡Hola!

ESCUELA

¡Adiós!

Salir de

1. *Juana* está en *la ventana de su habitación.*

2. *Ana* sale de *casa a las 8:00 h.*

3. *Ana* va a *la escuela.*

4. *Ana* llega a *la escuela a las 8:20 h.*

5. *Ana* entra en *la escuela a las 8:30 h.*

6. *Ana* sale de *la escuela a las 13:30 h.*

7. *Ana* vuelve a *casa.*

La negación

■ **Negación neutra o débil.**

Usamos expresiones como: **bueno, bueno, no...; no** + información; **nunca** + información.

▷*Estoy cansada de mi jefe. ¡Voy a cambiar de trabajo!*

►***Bueno, bueno, no*** *hay que tomar decisiones en caliente.*

▷*¿Vas a ir este año de vacaciones a Italia?*

►*No lo sé, porque **no** tengo mucho dinero.*

▷*¿Vamos al cine esta noche?*

►***Nunca*** *voy al cine los domingos.*

■ **Negación fuerte.**

Usamos expresiones como: **¡ni hablar!; no quiero ni** + infinitivo; **¡que no!; para nada.**

▷*Mamá quiero chocolate.*

►*¡**Ni hablar**!*

▷*Solo un poco...*

►*¡**Que no**!*

▷*¿Sabes algo de Alberto?*

►*No, **para nada**.*

■ **Doble negación.**

Usamos expresiones como: **no ... nada, no ... nunca jamás; ni ... ni.**

▷*¿Quieres tomar algo?*

►***No, nada***. *Gracias.*

▷*¿Van a volver a hablar con Pedro?*

►***No, nunca jamás***. *Ya no somos amigos.*

▷*¿Te gusta leer poesía?*

►***Ni*** *me gusta leer,* ***ni*** *me gusta la poesía.*

El sistema verbal

Hay tres grupos de verbos que se clasifican según su terminación: **-ar, -er, -ir**.

■ **Verbos regulares.**

	escuchar	beber	escribir
Yo	escuch**o**	beb**o**	escrib**o**
Tú	escuch**as**	beb**es**	escrib**es**
Él/ella/usted	escuch**a**	beb**e**	escrib**e**
Nosotros/as	escuch**amos**	beb**emos**	escrib**imos**
Vosotros/as	escuch**áis**	beb**éis**	escrib**ís**
Ellos/ellas/ustedes	escuch**an**	beb**en**	escrib**en**

■ **Verbos irregulares.**

Dentro de los verbos irregulares en presente de indicativo hay varios grupos.

Verbos con irregularidad en la 1.ª persona del singular:

	estar	hacer	ver	conocer
Yo	**estoy**	**hago**	**veo**	**conozco**
Tú	estás	haces	ves	conoces
Él/ella/usted	está	hace	ve	conoce
Nosotros/as	estamos	hacemos	vemos	conocemos
Vosotros/as	estáis	hacéis	véis	conocéis
Ellos/ellas/ustedes	están	hacen	ven	conocen

Recuerda: c >zc en la 1.ª persona del singular de los verbos terminados en **-ecer, -ocer** y **-ucir**.

Otros: • *Salir > salgo* • *Dar > doy* • *Saber > sé* • *Traer > traigo* • *Poner > pongo* • *Coger > cojo*

Cambios vocálicos:

	e > ie entender	o > ue volver	e > i pedir	u > ue jugar
Yo	ent**ie**ndo	v**ue**lvo	p**i**do	j**ue**go
Tú	ent**ie**ndes	v**ue**lves	p**i**des	j**ue**gas
Él/ella/usted	ent**ie**nde	v**ue**lve	p**i**de	j**ue**ga
Nosotros/as	entendemos	volvemos	pedimos	jugamos
Vosotros/as	entendéis	volvéis	pedís	jugáis
Ellos/ellas/ustedes	ent**ie**nden	v**ue**lven	p**i**den	j**ue**gan

Otros:
- **e > ie:** *querer, cerrar, comenzar, empezar, perder, pensar, regar, merendar.*
- **o > ue:** *poder, encontrar, dormir, acostarse, sonar, costar, recordar.*
- **e > i:** *servir, vestirse.*

Verbos con doble irregularidad:

	decir	tener	venir	oír
Yo	**digo**	**tengo**	**vengo**	**oigo**
Tú	dices	tienes	vienes	oyes
Él/ella/usted	dice	tiene	viene	oye
Nosotros/as	decimos	tenemos	venimos	oímos
Vosotros/as	decís	tenéis	venís	oís
Ellos/ellas/ustedes	dicen	tienen	vienen	oyen

Otras irregularidades:

	destruir
Yo	destruyo
Tú	destruyes
Él/ella/usted	destruye
Nosotros/as	destruimos
Vosotros/as	destruís
Ellos/ellas/ustedes	destruyen

Verbos totalmente irregulares:

	ir	ser
Yo	**voy**	**soy**
Tú	**vas**	**eres**
Él/ella/usted	**va**	**es**
Nosotros/as	**vamos**	**somos**
Vosotros/as	**vais**	**sois**
Ellos/ellas/ustedes	**van**	**son**

Otros: *construir, concluir, contribuir, destituir, huir.*

■ **Usos del presente indicativo.**

• **Para dar información sobre el presente.**
  – *Ángeles y Javi **viven** en Sitges; Anna **tiene** un coche de color naranja; Mis hermanos **están** casados.*

• **Para hablar de lo que hacemos habitualmente.**
  – *Todos los días **leo** el periódico; Reina **va** a menudo a Tarragona; Siempre **te levantas** a las 7:30 h.*

• **Para dar instrucciones.**
  – *Para poner la lavadora primero **metes** la ropa dentro, después **echas** detergente y luego **presionas** el botón.*

• **Para ofrecer y pedir cosas.**
  – *¿**Quieres** un zumo de naranja?; ¿Me **pasas** el mando de la TV, por favor?*

• **Para hacer definiciones.**
  – *Un coche **es** un vehículo que **tiene** motor y cuatro ruedas.*

• **Para hablar del futuro.**
  – *Mañana **come** Mariam en mi casa; En agosto **tenemos** una semana de vacaciones.*

■ **El verbo *gustar*.**

(A mí)	**me**			
(A ti)	**te**		el cine	las manzanas
(A él/ella/usted)	**le**		bailar	los días de lluvia
		gusta		**gustan**
(A nosotros/as)	**nos**		escuchar música	los helados
(A vosotros/as)	**os**		la playa	las flores
(A ellos/as/ustedes)	**les**			

Pronombre + **gusta** + infinitivo/nombre singular	Pronombre + **gustan** + nombre plural

Recuerda: los verbos como *gustar, encantar, importar, doler*, etc., se usan habitualmente en dos personas, la 3.ª del singular y la 3.ª del plural, dependiendo del sujeto gramatical (el cine, bailar, las manzanas…).

— Me **gustan las películas clásicas**.

— ¿Os **gusta bailar**?

■ **Usos de *ser* y *estar*.**

Identidad:
— *Ella es **Paula**.*

Nacionalidad:
— *Soy **japonesa***

Característica:	Estado de ánimo o físico:
— *La silla es **azul**.*	— *Está **triste** y muy **cansado**.*
— *Juan es **alto** y **guapo**.*	— *Luisa está muy guapa **con ese vestido**.*
— *Ana es muy **alegre**.*	
	Estado de una cosa:
	— *La puerta está **abierta**.*

Profesión:	Trabajo temporal:
— *Ellos son **profesores**.*	— *Laura está **de** camarera.*

Acontecimientos:	Localización:
— *El concierto es en Barcelona.*	— *Pedro está **en el bar** de al lado.*

Valoración:	Modo: (*bien/genial, mal/fatal*)
— *Este libro es **bueno**.*	— *Esta película está muy **bien**.*

Hora:
— *Son **las cuatro y media**.*

Tiempo:	Tiempo: (1.ª persona plural)
— *Hoy es **lunes**.*	— *Estamos **a** 5 de diciembre.*

	Acción en proceso:
	— *Luisa está **estudiando**.*

■ ***Ser* y *estar*. Adjetivos con cambio de significado.**

Bueno/a	**Ser:** persona honesta/cosa de calidad.
	— *Jaime ayuda a su madre, **es** bueno.*
	— *Este vino es de gran calidad, **es** bueno.*
	Estar: persona atractiva/buen sabor.
	— *Sara **está** muy buena, cada día está más guapa.*
	— *Esta sopa **está** buenísima.*

PRISMA DE EJERCICIOS. RESUMEN GRAMATICAL

Malo/a

> **Ser:** persona deshonesta/cosa sin calidad.
>
> – *Paco no tiene amigos porque* ***es*** *malo.*
>
> – *Este queso es barato, pero no* ***es*** *malo.*
>
> **Estar:** persona enferma/mal sabor o mal estado.
>
> – *Ana* ***está*** *malísima, está en la cama con gripe.*
>
> – *Esta leche* ***está*** *mala, no tiene buen sabor.*

Listo/a

> **Ser:** persona inteligente.
>
> – *Carmen es la primera de la clase,* ***es*** *muy lista.*
>
> **Estar:** persona o cosa preparada para algo.
>
> – *Solo tengo que pintarme y* ***estoy*** *lista para salir.*
>
> – *La cena ya* ***está*** *lista.*

Rico/a

> **Ser:** persona con mucho dinero.
>
> – *Bill Gates* ***es*** *el hombre más rico del mundo.*
>
> **Estar:** alimento con mucho sabor.
>
> – *Este café* ***está*** *muy rico.*

Verde

> **Ser:** color.
>
> – *No me gusta la camisa porque* ***es*** *verde.*
>
> **Estar:** inmaduro/inexperto.
>
> – *Esas fresas* ***están*** *verdes, no están buenas.*
>
> – *Juan* ***está*** *muy verde, se nota que es su primer trabajo.*

Negro/a

> **Ser:** raza/color.
>
> – *Johnny* ***es*** *un negro muy guapo, es de Nueva York.*
>
> – *Esta no es mi chaqueta, la mía* ***es*** *negra.*
>
> **Estar:** moreno/sucio/enfadado.
>
> – *Lucía* ***está*** *negra, ha estado un mes en la playa.*
>
> – *La cocina* ***está*** *negra, hay que limpiarla.*
>
> – ***Estoy*** *negra, tengo mucho trabajo y nadie me ayuda.*

Cerrado/a

> **Ser:** persona introvertida.
>
> – *Carlos* ***es*** *muy cerrado, no se relaciona con nadie.*
>
> **Estar:** estado de un objeto o lugar.
>
> – *El bar* ***está*** *cerrado, no abre hasta las ocho.*

Abierto/a

> **Ser:** persona extrovertida.
>
> – *Pepe* ***es*** *muy abierto, habla con cualquiera.*
>
> **Estar:** estado de un objeto o lugar.
>
> – *La puerta* ***está*** *abierta, supongo que podemos entrar.*

Pretérito perfecto de indicativo

El pretérito perfecto es un tiempo compuesto; lo formamos con el presente del verbo *haber* más el participio de un verbo.

	estar	tener	venir
Yo	he estado	he tenido	he venido
Tú	has estado	has tenido	has venido
Él/ella/usted	ha estado	ha tenido	ha venido
Nosotros/as	hemos estado	hemos tenido	hemos venido
Vosotros/as	habéis estado	habéis tenido	habéis venido
Ellos/ellas/ustedes	han estado	han tenido	han venido

Observa: la forma del participio es igual para todas las personas.

■ **Participios regulares.**

-ar > ado	-er/-ir > ido
hablar > hablado	comer > comido
	beber > bebido
	vivir > vivido
	salir > salido

■ **Participios irregulares.**

hacer > **hecho**	abrir > **abierto**
poner> **puesto**	cubrir> **cubierto**
resolver > **resuelto**	decir > **dicho**
romper > **roto**	descubrir > **descubierto**
ver > **visto**	escribir > **escrito**
volver > **vuelto**	morir > **muerto**

■ **Usos del pretérito perfecto.**

• Usamos el pretérito perfecto para hablar de acciones terminadas en presente o en un periodo de tiempo no terminado. Utilizamos los siguientes marcadores temporales:

esta	mañana	este	mes	hoy	
	tarde		año	últimamente	
	noche		fin de semana	hace	10 minutos
	semana		verano		dos horas
					un rato

– *Esta mañana he hablado con mi tía por teléfono.* ▷*¿Qué ha hecho tu padre esta tarde?*

– *Joaquín y Mariam se han ido a casa hace un rato.* ▶*Ha visto una película de DVD.*

– *Este verano hemos estado de vacaciones en Almería.*

• Usamos el pretérito perfecto para hablar de experiencias personales, preguntar por esas experiencias o dar informaciones atemporales. Normalmente utilizamos los siguientes marcadores temporales:

> ya • todavía no • aún no • alguna vez • nunca • varias veces • (n.º) veces • jamás

▷*¿Has visto ya el telediario?* ▷*¿Has viajado alguna vez en avión?*

▶*No, todavía no la he visto.* ▶ *No, nunca. Me da miedo.*

• También podemos usar el pretérito perfecto sin marcadores temporales; en ese caso expresa un pasado sin determinar:

– *Me he comprado un libro de poesías de Benedetti.*

– *Ana ha perdido las llaves del coche y no las encuentra.*

– *Pepe y Juana se han enfadado por culpa de Antonio.*

Pretérito indefinido de indicativo

■ **Verbos regulares.**

	viajar	comer	salir
Yo	viaj**é**	com**í**	sal**í**
Tú	viaj**aste**	com**iste**	sal**iste**
Él/ella/usted	viaj**ó**	com**ió**	sal**ió**
Nosotros/as	viaj**amos**	com**imos**	sal**imos**
Vosotros/as	viaj**astéis**	com**isteis**	sal**isteis**
Ellos/ellas/ustedes	viaj**aron**	com**ieron**	sal**ieron**

■ **Algunos verbos irregulares.**

	ser/ir	decir	estar	tener	hacer
Yo	fui	di	estuve	tuve	hice
Tú	fuiste	diste	estuviste	tuviste	hiciste
Él/ella/usted	fue	dio	estuvo	tuvo	hizo
Nosotros/as	fuimos	dimos	estuvimos	tuvimos	hicimos
Vosotros/as	fuisteis	disteis	estuvisteis	tuvisteis	hicisteis
Ellos/ellas/ustedes	fueron	dieron	estuvieron	tuvieron	hicieron

■ **Usos del pretérito indefinido.**

El pretérito indefinido se usa para expresar acciones del pasado no relacionadas con el tiempo presente.

> – *Ayer por la tarde **fui** al cine.*
> – *La semana pasada **comí** en casa de mis abuelos.*

■ **Uso del pretérito indefinido (marcadores temporales de pretérito indefinido).**

• Usamos el **pretérito indefinido** para hablar de todas las *acciones pasadas* en un periodo de *tiempo terminado*. Hay palabras que indican cuándo pasa la acción, se llaman **marcadores temporales**.

> • **Ahora** indica que la acción pasa en el **presente:**
> – ***Ahora** estoy escribiendo.*
> • **Esta mañana** indica que la acción ha pasado en un **tiempo no terminado** (**esta mañana** es parte del día de **hoy** y **hoy** no ha terminado):
> – ***Esta mañana** me he levantado a las siete.*
> • **Ayer** indica que la acción pasó en un **tiempo terminado** del pasado:
> – ***Ayer** me levanté a las ocho.*

• Hay dos grupos de marcadores temporales de pretérito indefinido:

> **a.** Palabras que indican un momento concreto.
>
> > • Ayer (ayer por la mañana/al mediodía/por la tarde/por la noche).
> > • Anteayer o antes de ayer.

- Anoche.

- El otro día.

- La semana pasada (el lunes pasado, el sábado pasado).

- El mes pasado.

- Hace dos meses.

- En enero/En enero del año pasado/En enero de hace dos años...

- En 1990/En marzo de 1985...

- El 11 de septiembre de 1982.

b. Palabras que indican un periodo de tiempo cerrado o delimitado.

> **Ejemplos:**   *Trabajé **cinco años** en Japón.*
> *No trabajé **durante cinco años**.*

- Siete días/semanas/meses/años...

- Durante nueve días/semanas/meses/años...

- Desde el lunes hasta el martes.

- De 1985 a 1990.

Ahora vamos a ver otro tipo de **marcadores temporales de pretérito indefinido,** en las que se relacionan dos acciones diferentes ocurridas en dos momentos del pasado. Como estudiaste en la unidad 13, podemos decir:

a. *Ana se casó **en 1990** y se divorció **en 1995**.*

Pero también podemos relacionar esas dos acciones (*casarse* y *divorciarse*) ocurridas en esas dos fechas del pasado (*1990* y *1995*) así:

b. *Ana se casó **en 1990** y se divorció **cinco años después**.*
c. *Ana se casó **en 1990** y se divorció **después de cinco años**.*
d. *Ana se casó **en 1990** y se divorció **cinco años más tarde**.*
e. *Ana se casó **en 1990** y se divorció **al cabo de cinco años**.*
f. *Ana se casó **en 1990** y se divorció **a los cinco años**.*

¡ATENCIÓN! Todas estas frases (a, b, c, d, e, y f) significan lo mismo. Pero, es mejor usar b, c, d, e, y f cuando queremos evitar la repetición continua de fechas, por ejemplo, al hablar de momentos importantes en la vida de una persona o en una biografía.

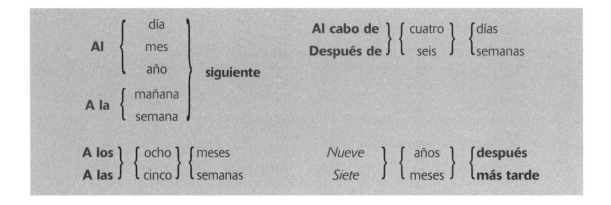

Para relacionar una acción que se repite en dos momentos del pasado usamos la perífrasis **volver + a + infinitivo.**

a. Fui a París en 1990 y **fui** otra vez
$\begin{cases} \textit{en 1995.} \\ \textit{al cabo de cinco años.} \\ \textit{a los cinco años.} \\ \textit{cinco años después.} \\ \textit{cinco años más tarde.} \end{cases}$

b. Fui a París en 1990 y **volví a ir**
$\begin{cases} \textit{en 1995.} \\ \textit{al cabo de cinco años.} \\ \textit{a los cinco años.} \\ \textit{cinco años después.} \\ \textit{cinco años más tarde.} \end{cases}$

Pretérito imperfecto

■ **Verbos regulares.**

	hablar	comer	vivir
Yo	habl**aba**	com**ía**	viv**ía**
Tú	habl**abas**	com**ías**	viv**ías**
Él/ella/usted	habl**aba**	com**ía**	viv**ía**
Nosotros/as	habl**ábamos**	com**íamos**	viv**íamos**
Vosotros/as	habl**abais**	com**íais**	viv**íais**
Ellos/ellas/ustedes	habl**aban**	com**ían**	viv**ían**

■ **Usos del pretérito imperfecto.**

Usamos el pretérito imperfecto para:

a. Expresar **acciones habituales** en el pasado.
   – *Cuando **era** pequeña, **iba** a la escuela todos los días.*

• La frecuencia de una acción también se puede expresar con la perífrasis **soler** + **infinitivo**:
   – *El año pasado, yo solía **jugar** al fútbol.*
   – *El año pasado, yo jugaba al fútbol **con frecuencia/a menudo/normalmente**.*

b. Descripción de personas o cosas en el pasado.

   – *De pequeña, yo **era** rubia y muy delgada.*
   – *Cuando **era** pequeña, yo **era** rubia y muy delgada.*

c. Descripción del contexto (tiempo, clima, situación) donde se desarrolla la acción principal ocurrida en el pasado.

   – *Cuando salí de casa **hacía** mucho frío. En la calle no **había** nadie. Tampoco **circulaba** ningún coche. Solo **había** un bar abierto, pero **estaba** vacío...*

d. Presentar una **acción en desarrollo** en el pasado (en pretérito imperfecto), interrumpida por una acción puntual (en pretérito indefinido).

– *Ayer, mientras yo* **comía,** **se fue** *la luz.*

(imperfecto)
–acción en desarrollo–

(indefinido)
–acción puntual–

La acción de *irse la luz* interrumpe la comida y no sabemos si la persona terminó de comer o no.

e. Cuando queremos expresar **la causa** de una acción en el pasado.

causa

– *Ayer no* **fui** *a la universidad porque* **estaba** *enferma.*

(indefinido)

(imperfecto)

causa

– *Como* **estaba** *enferma, ayer no* **fui** *a la universidad.*

(imperfecto)

(indefinido)

■ **Marcadores temporales de pretérito imperfecto.**

Hay dos grupos de marcadores temporales de pretérito imperfecto:

a. La palabra **antes**, que indica un momento indefinido del pasado en contraste con el presente.

– **Antes** *fumaba mucho, ahora ya no fumo.*

b. Palabras que expresan la **habitualidad de una acción** en un periodo de tiempo del pasado.

– *Cuando era pequeña, iba al campo con mi familia* **todos los domingos**.
– **A veces**, *cuando llovía, nos quedábamos en casa y jugábamos a las cartas.*
– *Yo perdía* **casi siempre**, *porque tenía muy mala suerte...*

c. También son marcadores de pretérito imperfecto:

• Siempre.
• Casi siempre.

• Todos
- los días.
- los domingos.
- los meses.
- los años.

• Todas
- las semanas.
- las mañanas.
- las tardes.
- las noches.

• Normalmente.
• Con frecuencia.
• A menudo.
• A veces.
• Casi nunca.
• Nunca.

■ **Contraste pretérito perfecto/pretérito indefinido.**

Marcadores temporales de pretérito perfecto	Marcadores temporales de pretérito indefinido

■ Indican periodo preciso de tiempo no terminado (que incluye el presente):
- Esta tarde/esta semana...
- Este verano/invierno...
- Este mes/año...
- Este lunes/martes...
- Hoy.
- Hace un momento/un rato...

— **Esta mañana** he trabajado mucho.
— **Hace un momento** he hablado con Luis.

■ Indican el número de veces que ha ocurrido una acción hasta el presente (pero no informamos sobre cuándo ha ocurrido):
- Siempre = Toda la vida.
- Muchas veces.
- Alguna vez/algunas veces.
- Nunca = Jamás = En la vida.

— **Nunca** he estado en Japón*.
— **En la vida** he conocido a nadie como él*.
— Marta **siempre** ha vivido en Sevilla*.

* Estas personas están vivas porque el uso del pretérito perfecto indica que su vida es un tiempo no terminado.

■ Indica periodo no preciso de tiempo no terminado (que incluye el presente):
- Últimamente.

— **Últimamente** no he salido mucho.

■ Indica que se ha realizado una acción esperada:
- Ya.

— **Ya** he visitado la Sagrada Familia.

■ Indican periodo preciso de tiempo terminado en el pasado:
- Ayer (por la mañana/al mediodía...)
- Anteayer o antes de ayer.
- Anoche.
- El lunes/martes/... pasado.
- La semana pasada.
- El mes/año/... pasado.
- Hace dos meses.
- En enero/En enero del año pasado/En enero de hace dos años...
- En 1990/En marzo de 1985.
- El 11 de septiembre de 1982.
- A los nueve años.

— **El lunes pasado** trabajé mucho.

■ Indican el número de veces que ocurrió una acción en un periodo terminado y cerrado en el pasado:
- Siempre = Toda la vida.
- Muchas veces.
- Alguna vez/algunas veces.
- Nunca = Jamás = En la vida.

— Mi abuelo **nunca** viajó al extranjero*.
— Marta **siempre** vivió en Sevilla*.
— De niña fui a Madrid **muchas veces****.

* Estas personas están muertas porque el uso del pretérito indefinido indica que su vida es un tiempo terminado.

** Hablamos de una etapa de la vida terminada y cerrada: *De niña*.

■ Indican periodo de tiempo terminado, cerrado o delimitado en el pasado:
- Siete días/semanas/meses/años...
- Durante nueve días/semanas...
- (Durante) toda su vida...
- Desde el lunes hasta el martes.
- De 1985 a 1990.
- Hasta su muerte/la jubilación...
- Hasta que se murió/se jubiló...

— Viví en Roma **de 1985 a 1990/cinco años**.
— Dalí se dedicó a la pintura **toda su vida/hasta** su muerte.

Marcadores temporales de pretérito perfecto (cont.)	Marcadores temporales de pretérito indefinido (cont.)

■ Indican que una acción no se ha realizado hasta el presente, pero que la persona quiere realizarla en el futuro:

- Todavía no = No todavía.
- Aún no.

  — **Todavía no** he leído Don Quijote de la Mancha.
  — **No** he leído **todavía** Don Quijote de la Mancha.
  — **Aún no** he leído Don Quijote de la Mancha.

■ Relacionan dos acciones diferentes ocurridas en dos momentos del pasado:

- Cinco años después...
- Cinco años más tarde...
- Después de cinco años...
- Al cabo de cinco años...
- A los cinco años...
  — Ana vino a España **en 1950** y **a los siete años** se fue.
  — Ana vino a España **en 1950** y **a los siete años después** se fue.

■ **Contraste pretérito indefinido/pretérito imperfecto.**

■ El pretérito imperfecto presenta una acción en desarrollo sin terminar en el pasado (en **estar + gerundio**) interrumpida por:

a. Una acción terminada en un tiempo no terminado que incluye el presente (en pretérito perfecto):

– Juan **ha gritado** cuando el masajista le **estaba dando** un masaje.

(pretérito perfecto)
–acción puntual–

estar + gerundio
(pretérito imperfecto)
–acción en desarrollo–

* La acción de **gritar** ha ocurrido cuando la acción de **dar un masaje** no estaba terminada, así que no sabemos si el masajista ha terminado de dar el masaje o no.

b. Una acción terminada en un tiempo terminado del pasado (en pretérito indefinido):

– Hugo **se quedó dormido** mientras el dentista le **estaba mirando** la boca.

(pretérito indefinido)
–acción puntual–

estar + gerundio
(pretérito imperfecto)
–acción en desarrollo–

* La acción de **quedarse dormido** ocurrió cuando la acción de **mirar la boca** no estaba acabada, así que no sabemos si el dentista terminó su trabajo o no.

■ El pretérito imperfecto describe el contexto donde ocurre la acción principal en el pasado:

– Cuando Juan ha gritado, en la sala de espera no **había** nadie.
– Cuando Hugo se quedó dormido, **eran** las once.

■ **La duración de una acción en el pasado.**

Hace + cantidad de tiempo

• A veces no recordamos la fecha exacta en que ocurrió una acción, pero sí la cantidad de tiempo que ha pasado desde ese momento hasta el presente.

— Fui a Australia **hace** cinco años. (= Fui a Australia **en 1999**).

¿Desde cuándo + verbo en presente de indicativo?

• Para preguntar en qué momento del pasado empezó una acción actual.

— ¿**Desde** cuándo vive Eli en Madrid?

Desde hace + cantidad de tiempo

- Para indicar en qué momento del pasado empezó una acción que todavía dura en el presente. Pero no recordamos la fecha exacta y sí la cantidad de tiempo que ha transcurrido desde ese momento hasta el presente.

    — *Eli vive en Madrid **desde hace** diez años. (= Eli vive en Madrid **desde 1994**).*

¿Cuánto (tiempo) + verbo llevar en presente + (gerundio)?

- Cuando una persona está realizando una acción en el presente y queremos saber cuándo empezó. Pero tenemos más interés en conocer la cantidad de tiempo de realización de esta acción que su momento de inicio.

    — *¿Cuánto tiempo **lleva** viviendo Eli en Madrid? (= ¿Cuánto **lleva** Eli en Madrid?).*

Verbo llevar en presente + (gerundio)

- Para indicar la cantidad de tiempo de realización de una acción desde que empezó en el pasado hasta el presente.

    — *Eli **lleva** viviendo diez años en Madrid. (= Eli **lleva** diez años en Madrid).*

■ **Usos de los diferentes tiempos del pasado.**

Pretérito perfecto	Pretérito indefinido	Pretérito imperfecto
■ Hablar de acciones terminadas ocurridas en un periodo de tiempo no terminado (que incluye el presente): — ***Esta semana** no he ido al cine.*	■ Hablar de acciones terminadas ocurridas en un periodo de tiempo terminado y delimitado del pasado: — ***Ayer** fui al cine.*	■ Describir acciones habituales: — *De pequeña, Ana **siempre** iba al pueblo de sus padres con su familia.*
■ Hablar del número de veces que ha ocurrido una acción (hasta el presente): — *Ana se ha casado **dos veces.*** — *Mi abuela **siempre** ha vivido en su pueblo.* * El uso del pretérito perfecto indica que la vida de estas personas no está terminada: están vivas.	■ Hablar del número de veces que ha ocurrido una acción en un pasado terminado: — *Pablo se casó **ocho veces**.* — *Mi abuela **siempre** vivió en su pueblo.* * El uso del pretérito indefinido indica que la vida de estas personas está terminada: están muertas.	■ Describir cosas: — ***Era** una casa muy vieja...* ■ Describir personas. • Físico: — *La abuela **era** alta y muy gorda. **Tenía** el pelo negro...* • Carácter: — ***Era** una mujer muy alegre.*
■ Hablar de una sucesión de acciones terminadas ocurridas en un periodo de tiempo (que incluye el presente): — *Hoy me he despertado **a las siete**, pero no me he levantado **hasta las siete y veinte**. He ido al baño y me he duchado. **Después** me*	■ Hablar de una sucesión de acciones terminadas ocurridas en un periodo de tiempo delimitado del pasado: — ***A los 18 años** entré en la Universidad. **El primer año** estudié mucho, por eso saqué muy buenas notas. **Durante ese año** conocí a mi mejor	• Estado físico y/o emocional: — ***Estaba** bastante cansada y se **sentía** desanimada.* • Creencias: — ***Era** una mujer muy religiosa...* • Ideas/gustos: — *Ana **pensaba** que la*

Pretérito perfecto (cont.)	Pretérito indefinido (cont.)	Pretérito imperfecto (cont.)

*he vestido. No he desayunado nada. Yo **nunca** desayuno en casa. He puesto la radio y he escuchado las noticias. **Mientras tanto**, he preparado mi mochila. **Cuando** he terminado, la he cogido y he salido de casa...*

■ Valorar situaciones:

▷ *¿Qué **te ha parecido** la conferencia?*

▶ *Pues... un rollo. **Ha sido** pesadísima. **Me he aburrido** un montón.*

■ Expresar la causa que informa sobre una acción puntual que ha determinado la acción principal en un pasado reciente:

— ***Esta mañana** he llegado tarde al trabajo porque he perdido el tren.*

---

*amiga. **Al año siguiente**, en 1988, empecé a trabajar en una pizzería y, como me dediqué mucho menos a estudiar, saqué peores notas...*

■ Valorar situaciones:

▷ *¿Qué tal la fiesta de **anoche**?*

▶ *Pues, **estuvo** muy bien. **Fue** mucha gente conocida... **Me lo pasé** genial.*

■ Expresar la causa que informa sobre una acción puntual que determinó la acción principal en el pasado:

— ***El lunes** llegué tarde al trabajo **porque** perdí el tren.*

---

vida en el pueblo era divertidísima.

• Intenciones/deseos:

— *Esa mañana Ana **quería pasear** por el pueblo...*

■ Describir el contexto de la acción principal.

• Acción principal:

— *Un día Ana **se despertó** muy temprano. **Se vistió** y **salió** de casa.*

• Contexto: tiempo:

— ***Eran** las siete.*

• Contexto: clima:

— ***Hacía** mucho frío. El cielo **estaba** nublado, pero no **llovía**...*

• Contexto: situación:

— *En la calle no **había** nadie. Tampoco **pasaba** ningún coche.*

■ Expresar la causa que describe las circustancias que determinaron la acción principal en el pasado:

— ***El lunes** llegué tarde al trabajo **porque** el tren estaba averiado.*

Futuro imperfecto

■ **Verbos regulares.**

	hablar	comer	vivir
Yo	hablar**é**	comer**é**	vivir**é**
Tú	hablar**ás**	comer**ás**	vivir**ás**
Él/ella/usted	hablar**á**	comer**á**	vivir**á**
Nosotros/as	hablar**emos**	comer**emos**	vivir**emos**
Vosotros/as	hablar**éis**	comer**éis**	vivir**éis**
Ellos/ellas/ustedes	hablar**án**	comer**án**	vivir**án**

Futuro imperfecto (verbos irregulares).

Solo existendo doce verbos irregulares en futuro imperfecto, que cambian la raíz y mantienen las terminaciones:

Caber	Decir	Haber	Hacer
cabr { -é -ás -á -emos -éis -án	dir { -é -ás -á -emos -éis -án	habr { -é -ás -á -emos -éis -án	har { -é -ás -á -emos -éis -án

Poder	Poner	Querer	Saber
podr { -é -ás -á -emos -éis -án	pondr { -é -ás -á -emos -éis -án	querr { -é -ás -á -emos -éis -án	sabr { -é -ás -á -emos -éis -án

Salir	Tener	Valer	Venir
saldr { -é -ás -á -emos -éis -án	tendr { -é -ás -á -emos -éis -án	valdr { -é -ás -á -emos -éis -án	vendr { -é -ás -á -emos -éis -án

Verbos reflexivos.

		lavarse
Yo	me	lavar**é**
Tú	te	lavar**ás**
Él/ella/usted	se	lavar**á**
Nosotros/as	nos	lavar**emos**
Vosotros/as	os	lavar**éis**
Ellos/ellas/ustedes	se	lavar**án**

■ **Formas verbales que expresan futuro.**

• **Presente.** Para hablar de acciones en un futuro inmediato:
  — *Esta noche **voy** al cine.*

• **Ir + a + infinitivo.** Para hablar de decisiones y proyectos:
  — *La semana que viene **voy a comer** con mi abuela.*

• **Pensar + infinitivo.** Para hablar también de intenciones:
  — *Este año **pienso hacer** más deporte.*

■ **Usos del futuro imperfecto.**

Usamos el futuro imperfecto para:

• Hacer conjeturas, es decir, hablar de acciones del futuro de las que no estamos seguros:
  — ***Creo que** me lo **compraré**.*

• Hacer promesas de futuro:
  — ***Te prometo que** no lo **haré** nunca más.*

• Hacer predicciones:
  — *Mañana **lloverá** en el Pirineo.*

• Hablar de acciones futuras sin precisar el momento exacto:
  — ***Empezaré** a estudiar **un día de estos**.*

• Hablar de acciones futuras que dependen de una condición:
  — ***Si** vienes a mi casa, **comeremos** helado.*

• Expresar probabilidad en el presente. Usamos el futuro para expresar una hipótesis o algo de lo que no estamos seguros. Fíjate en la siguiente tabla con algunos ejemplos:

Pregunta	Sé la respuesta	No lo sé y hago una hipótesis
¿Qué hora es?	**Son** *las nueve.*	**Serán** *las nueve.*
¿Cuántos años tiene Carlos?	**Tiene** *32 años.*	**Tendrá** *unos 32 años.*

■ **Marcadores temporales de futuro.**

• Mañana.
• Pasado mañana.
• Esta tarde, esta noche, este jueves...

  Recuerda: que estos marcadores también son de pretérito perfecto si se refieren al pasado.

El próximo { lunes. / mes. / año... }   La próxima { semana. / primavera. }   { El año / El mes / La semana } que viene.

• Dentro de dos días, un año, un tiempo...

■ **Oraciones condicionales.**

Más adelante vas a ver que existen tres tipos de oraciones condicionales.
Por ahora solo vas a estudiar la primera condicional. La usamos cuando hablamos de una condición muy probable.

Si + presente de indicativo+ { presente de indicativo. / futuro. }

  — ***Si** me llamas mañana, **te acompaño** al médico.*
  — *Si **estudias**, aprobarás.*
  — ***Si** no **te esfuerzas, vas a suspender**.*

■ **Verbos regulares.**

	hablar	comer	vivir
Yo	hablar**ía**	comer**ía**	vivir**ía**
Tú	hablar**ías**	comer**ías**	vivir**ías**
Él/ella/usted	hablar**ía**	comer**ía**	vivir**ía**
Nosotros/as	hablar**íamos**	comer**íamos**	vivir**íamos**
Vosotros/as	hablar**íais**	comer**íais**	vivir**íais**
Ellos/ellas/ustedes	hablar**ían**	comer**ían**	vivir**ían**

Fíjate que, como en el futuro, añadimos las mismas terminaciones a las tres conjugaciones.

■ **Condicional (verbos irregulares).**

Al igual que en el futuro imperfecto, solo existen doce verbos irregulares en condicional, que cambian la raíz y mantienen las terminaciones:

Caber	Decir	Haber	Hacer
cabr { -ía, -ías, -ía, -íamos, -íais, -ían	dir { -ía, -ías, -ía, -íamos, -íais, -ían	habr { -ía, -ías, -ía, -íamos, -íais, -ían	har { -ía, -ías, -ía, -íamos, -íais, -ían

Poder	Poner	Querer	Saber
podr { -ía, -ías, -ía, -íamos, -íais, -ían	pondr { -ía, -ías, -ía, -íamos, -íais, -ían	querr { -ía, -ías, -ía, -íamos, -íais, -ían	sabr { -ía, -ías, -ía, -íamos, -íais, -ían

Salir	Tener	Valer	Venir
saldr { -ía, -ías, -ía, -íamos, -íais, -ían	tendr { -ía, -ías, -ía, -íamos, -íais, -ían	valdr { -ía, -ías, -ía, -íamos, -íais, -ían	vendr { -ía, -ías, -ía, -íamos, -íais, -ían

■ **Verbos reflexivos.**

		lavarse
Yo	me	lavar**ía**
Tú	te	lavar**ías**
Él/ella/usted	se	lavar**ía**
Nosotros/as	nos	lavar**íamos**
Vosotros/as	os	lavar**íais**
Ellos/ellas/ustedes	se	lavar**ían**

■ **Usos del condicional.**

• Expresar cortesía:

— *Perdón, ¿**podría** decirme dónde está la calle Valencia?*

Como sabes, en español también utilizamos el pretérito imperfecto para expresar cortesía, así como la tercera persona formal "usted/ustedes" del presente de indicativo:

— *Perdón, ¿**podía** decirme dónde está la calle Valencia?*

— *Perdón, ¿**puede** (usted) decirme dónde está la calle Valencia?*

• Dar consejos:

▷ *Me duele mucho la cabeza.*

► *Yo en tu lugar **me tomaría** una aspirina./**Deberías tomarte** una aspirina.*

En español, tenemos distintas estructuras que nos sirven para dar un consejo o sugerir algo. En el ejemplo anterior te hemos presentado dos, aquí tienes más:

Yo en tu lugar			Deberías	
Yo que tú	} + condicional		Tendrías que	} + infinitivo
Si yo fuera tú				
Yo			Podrías	

• Expresar un deseo en el futuro:

— *Me **gustaría** ir a cenar a un lugar tranquilo.*

• Expresar probabilidad en el pasado:

Usamos el condicional para expresar una hipótesis o algo de lo que no estamos seguros, que ocurrió en el pasado. Fíjate en la siguiente tabla con algunos ejemplos:

Pregunta	Sé la respuesta	No lo sé y hago una hipótesis
¿A qué hora llegó Juan anoche?	*Eran las nueve.*	*Serían las nueve.*
¿Con quién salió?	*Salió con Sandra.*	*Saldría con Sandra.*

Imperativo

■ **Verbos regulares.**

	cantar	**responder**	**vivir**
Tú	cant**a**	respond**e**	viv**e**
Vosotros/as	cant**ad**	respond**ed**	viv**id**
Usted	cant**e**	respond**a**	viv**a**
Ustedes	cant**en**	respond**an**	viv**an**

■ **Verbos irregulares.**

	pensar	**volver**	**dormir**
	p**ie**ns**a**	v**ue**lv**e**	d**ue**rm**e**
	pens**ad**	volv**ed**	dorm**id**
	p**ie**ns**e**	v**ue**lv**a**	d**ue**rm**a**
	p**ie**ns**en**	v**ue**lv**an**	d**ue**rm**an**

Recuerda: los verbos irregulares en presente de indicativo, mantienen la irregularidad en el imperativo, excepto en la forma de *vosotros/as*.

■ **Otros verbos totalmente irregulares.**

	decir	hacer	ir	oír	poner	salir	tener	venir
Tú	di	haz	ve	oye	pon	sal	ten	ven
Vosotros/as	decid	haced	id	oíd	poned	salid	tened	venid
Usted	diga	haga	vaya	oiga	ponga	salga	tenga	venga
Ustedes	digan	hagan	vayan	oigan	pongan	salgan	tengan	vengan

■ **Imperativo + pronombres.**

• Cuando tenemos un verbo reflexivo o cuando el imperativo va acompañado de un pronombre, ponemos el pronombre detrás del verbo, formando una sola palabra:

▷ *¿Cierro la puerta?*   – *Pon**te** el abrigo, hace frío.*

▶ *Sí, ciérra**la**.*

• En la forma perteneciente a *vosotros* el imperativo pierde la d:

—¡Niños! Senta~~d~~os en el sofá y esta~~d~~os quietos. ➔ *— ¡Niños! Sentaos en el sofá y estaos quietos.*

> **Recuerda:** a veces, para suavizar una orden, utilizamos *por favor*.
> *– Luis, pon la mesa, por favor.*

■ **Usos del imperativo.**

• Dar órdenes:

Una madre a su hija: *— Marina, **siéntate** y **haz** los deberes.*

Un guardia urbano a un conductor: *— ¡Usted! **Quite** el coche, ahí no se puede aparcar.*

El profesor a los alumnos: *— **Escuchad** con atención y **tomad** notas.*

• Dar instrucciones:

Una receta de cocina: ***Pele** las patatas y **lávelas**. **Eche** aceite en la sartén y **encienda** el fuego.*

Dar una dirección: ***Sigue** recto y al final de la calle **gira** a la izquierda.*

Envolver un regalo: ***Mide** el papel y córtalo. **Pon** el regalo en medio, **envuélvelo** y **pégalo** con celo.*

• Dar consejos:

El médico al paciente: *Si se cansa cuando sube las escaleras, **haga** ejercicio más a menudo.*

Un amigo a otro: ▷ *No sé qué hacer con Esther. Hace muchos días que no nos vemos.*

         ▶ ***Llámala** y **habla** con ella. Es mejor tener las cosas claras.*

Un anuncio publicitario: *Si necesita descansar. Si quiere ver la televisión, escuchar música, leer tranquilamente, etc., esta es su oportunidad. ¡**Compre** nuestra XCOP!*

• Llamar la atención:

Un grupo de amigos en la montaña:

         ▷ *¡**Mirad, mirad**! ¡Un OVNI!*

         ▶ *¡Qué dices! Es un avión, tonto.*

En una tienda de ropa:

         ▷ *¿Puedo probarme este vestido?*

         ▶ *Sí claro. **Mira**, el probador está a la derecha.*

En el despacho:

         ▷ ***Oiga**, señor director, ¿qué hago con estos informes?*

         ▶ *Póngalos en el archivador. Gracias.*

Perífrasis verbales con infinitivo

■ **Ir a + infinitivo.**

Usamos la perífrasis *ir a* + infinitivo para hablar de planes y proyectos. Expresamos un futuro próximo o inmediato. Normalmente utilizamos esta perífrasis con marcadores temporales:

> esta tarde; esta noche; mañana; hoy; este fin de semana; la próxima semana; este año...

— Mañana **vamos a cenar** a casa de Francisco.   — Este año **voy a ir** de vacaciones a Italia.
— La próxima semana Lucía **va a visitar** a Fernando.

■ **Pensar + infinitivo.**

Usamos la perífrasis *pensar* + infinitivo para expresar la intención de hacer algo en un futuro próximo o inmediato.

▷ ¿Qué vas a hacer esta Nochevieja?   ▷ ¿Qué quiere hacer hoy Joaquín para comer?
► **Pienso ir** a una fiesta en la Monumental.   ► **Piensa hacer** una fideuá.

▷ ¿Qué vais a comprar con el dinero de la lotería?
► **Pensamos compra**r un coche nuevo.

■ **Preferir + infinitivo.**

Normalmente usamos la perífrasis *preferir* + infinitivo cuando nos gusta una cosa más que otra, pero también la utilizamos para hablar de planes o proyectos para el futuro.

▷ ¿Qué vas a estudiar el próximo curso, Medicina o Farmacia?
► **Prefiero estudiar** Medicina.

▷ ¿Van a ir tus padres este fin de semana a Toledo?
► No, porque mi madre **prefiere ir** a Soria.

■ **Querer + infinitivo.**

Usamos la perífrasis *querer* + infinitivo para expresar nuestro interés por algo que deseamos y también para ofrecer alguna cosa a alguien.

— Pablo y Eugenia **quieren comprar** un piso.

▷ ¿**Quieres tomar** algo?
► Sí, gracias. Agua fresca, ¡tengo mucha sed!

— El miércoles **queremos ir** a ver la tercera parte de El Señor de los Anillos.

■ **Poder + infinitivo.**

Usamos la perífrasis *poder* + infinitivo para introducir una pregunta o pedir algo a alguien.

▷ María, ¿**pueden ir** tus padres a la excursión a Montserrat?
► Sí, les gusta mucho ir de excursión.

▷ ¿**Puedes** cerrar la puerta, por favor? Es que hace mucho aire.
► Sí, claro.

▷ ¿**Podéis venir** esta noche a tomar una copa?
► No, es que tenemos que estudiar porque mañana hacemos un examen de gramática.

■ **Hay que + infinitivo.**

Usamos la perífrasis *hay que* + infinitivo para expresar una obligación impersonal, generalizada.

- *Para estar en forma **hay que hacer** ejercicio.*
- *Para ir a Ibiza **hay que ir** en barco o en avión.*
- *Para usar el ordenador **hay que saber** informática.*

■ **Tener que + infinitivo.**

Usamos la perífrasis *tener que* + infinitivo para expresar una obligación o recomendar algo enfáticamente.

- *Encarna **tiene que ir** a la estación a buscar a Benjamín.*
- ***Tenéis que escribir** una redacción para el lunes.*
- *Mañana **tienes que comprar** el pan y el periódico.*

■ **Deber + infinitivo.**

Usamos la perífrasis *deber* + infinitivo para expresar una obligación y también para dar consejos.

- *Me duelen mucho las muelas, **debo ir** pronto al dentista.*
- ***Debemos visitar** a Cristina, pero no tenemos tiempo.*
- *El sábado **debéis ordenar** vuestra habitación.*

Perífrasis verbales con gerundio

■ **Formación del gerundio.**

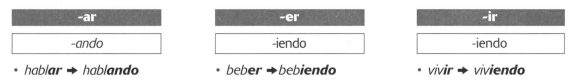

-ar	-er	-ir
-ando	-iendo	-iendo

- hablar ➜ hablando
- beber ➜ bebiendo
- vivir ➜ viviendo

Algunos gerundios irregulares

- decir ➜ **diciendo**
- leer ➜ **leyendo**
- oír ➜ **oyendo**
- reír ➜ **riendo**
- dormir ➜ **durmiendo**
- morir ➜ **muriendo**

■ **Estar + gerundio.**

Usamos la perífrasis *estar* + gerundio para expresar una acción que se produce en el momento en que se habla.

	estar	gerundio (escribir)
Yo	estoy	escribiendo
Tú	estás	escribiendo
Él/ella/usted	está	escribiendo
Nosotros/as	estamos	escribiendo
Vosotros/as	estáis	escribiendo
Ellos/ellas/ustedes	están	escribiendo

▷ *¿Dónde están Anna y Jordi?*
▶ *Están comprando en el supermercado.*

▷ *¿Qué hace Joaquín?*
▶ *Está viendo la televisión.*

■ **_Estar_ (pretérito indefinido) + gerundio.**

Usamos la perífrasis _estar_ (pretérito indefinido) + gerundio cuando informamos sobre la realización de una ÚNICA acción en desarrollo terminada que ocurrió en un tiempo terminado y delimitado del pasado.

> — Cristina **estuvo esquiando** todo el fin de semana.
> — Anita **estuvo jugando** con el monopatín toda la mañana del domingo.
> — Oriol **estuvo hablando** por teléfono durante tres horas.
> — Sergio **estuvo conduciendo** de mal humor desde que salió de Madrid hasta que llegó a Barcelona.
> — Eva y sus compañeros **estuvieron trabajando** en el proyecto hasta que lo terminaron.
> — Nuria **se estuvo probando** gafas hasta que encontró unas que le gustaron.

Marcadores temporales de tiempo terminado y delimitado del pasado:

• Todo el fin de semana/el día/el mes...

• Toda la mañana/la noche/la semana...

• Durante nueve horas/días/semanas/meses...

• Desde que + indefinido...   hasta que + indefinido

• ...hasta que + indefinido

■ **_Estar_ (pretérito imperfecto) + gerundio.**

> — Esta mañana Juan ha ido al masajista porque le dolía mucho la espalda.
>
> ⇩
>
> — Juan ha gritado cuando el masajista le **estaba dando** un masaje.

• La acción _dar un masaje_ es una acción en desarrollo (por eso la expresamos con la perífrasis **estar + gerundio**) ocurrida en el pasado. No sabemos si el masajista ha terminado su acción o no, por eso decimos que es una acción sin terminar y usamos el verbo **estar** en pretérito imperfecto: **estaba dando** un masaje.

• En cambio, la acción _gritar_ es una acción terminada, que ha durado solo unos segundos, en un tiempo no terminado que incluye el presente: _esta mañana_ (por eso usamos el pretérito perfecto: **ha gritado**) y que ha ocurrido cuando la acción de _dar un masaje_ todavía no estaba acabada.

> — Ayer Hugo fue al dentista porque le dolía mucho una muela. Hugo estaba cansadísimo.
>
> ⇩
>
> — Hugo <u>se quedó</u> dormido mientras el dentista le estaba mirando la boca.

• La acción _mirar la boca_ es una acción en desarrollo (por eso la expresamos con la perífrasis **estar** + **gerundio**) ocurrida en el pasado. Seguramente Hugo tenía los ojos cerrados antes de quedarse dormido, pero tener los ojos cerrados no significa estar dormido, así que no sabemos si el dentista continuó su trabajo o no, depende de si se dio cuenta o no. Por eso decimos que es una acción sin terminar y usamos el verbo _estar_ en pretérito imperfecto: **estaba mirando** la boca).

• En cambio, la acción _quedarse dormido_ es una acción terminada, que duró solo unos segundos, en un tiempo terminado: _ayer_ (por eso usamos el pretérito indefinido: _se quedó dormido_) y que ocurrió cuando la acción de **mirar** la boca todavía no estaba acabada.

■ **Seguir + gerundio.**

Usamos la perífrasis *seguir* + gerundio para expresar la continuación de una acción que viene del pasado.

	Seguir	Gerundio (cantar)
Yo	sigo	cantando
Tú	sigues	cantando
Él/ella/usted	sigue	cantando
Nosotros/as	seguimos	cantando
Vosotros/as	seguís	cantando
Ellos/ellas/ustedes	siguen	cantando

— *(A las 18:30) David está leyendo el periódico.*
— *A las 18:45) David **sigue leyendo** el periódico.*

Recuerda: el verbo *seguir* es irregular.

Verbos y expresiones del tiempo atmosférico

■ **Verbos *llover* y *nevar*.**

Llover y *nevar* son verbos impersonales. Utilizamos la forma correspondiente a la 3.ª persona del singular.

— Llover ➜ **llueve**
— Nevar ➜ **nieva**
— *En invierno **nieva** en las montañas.*
— *En el norte de España **llueve** a menudo.*

■ **Expresiones para hablar del tiempo.**

• **Hay** + tormenta/lluvia/viento...

• **Está** + nublado/lluvioso/tormentoso...

• **Hace** + sol/calor/frío/fresco/viento/aire/mal tiempo/buen tiempo...

• **Hace** + **muy/mucho** + **adjetivo/sustantivo**.

— *En Almería normalmente **hace sol**.*
— *Esta noche **hay tormenta** en Barcelona.*
— *En abril **hace muy buen tiempo** en Sevilla.*
— *El verano es **muy caluroso** en el sur de Europa.*
— *En el Polo Norte **hace mucho frío**.*
— ***Hace mucho aire**.*

Muy, mucho/a/os/as, mucho

Muy	Mucho/a/os/as	Mucho
Muy + adjetivo/adverbio	**Mucho/a/os/as** + nombre	Verbo + **mucho**

Muy
— *Ese pantalón es **muy** caro.*
— *La escuela está **muy** lejos de mi casa.*

Mucho/a/os/as
— *Son las once de la noche y tengo **mucho** sueño.*
— *Mi hermana tiene **mucha** hambre.*
— *En la biblioteca de la universidad hay **muchos** libros.*
— *Mis amigos y yo sabemos **muchas** canciones.*

Mucho
— *El flamenco me gusta **mucho**.*
— *Mis sobrinos juegan **mucho** con la Game-Boy.*

Recuerda: *muy* es invariable; *mucho, -a, -os, -as* concuerda siempre con el nombre al que se refiere o acompaña; *mucho* no cambia cuando acompaña al verbo.

Presente del subjuntivo

■ **Verbos regulares.**

	-ar > -e hablar	-er > -a comer	-ir > -a vivir
Yo	hable	coma	viva
Tú	hables	comas	vivas
Él/ella/usted	hable	coma	viva
Nosotros/as	hablemos	comamos	vivamos
Vosotros/as	habléis	comáis	viváis
Ellos/ellas/ustedes	hablen	coman	vivan

■ **Verbos irregulares.**

• Cambios de vocal **e > ie, o > ue, u > ue** en la 1.ª, 2.ª y 3.ª persona del singular y en la 3.ª del plural:

	ar > -e querer	-er > -a poder	-ir > -a jugar
Yo	quiera	pueda	juegue
Tú	quieras	puedas	juegues
Él/ella/usted	quiera	pueda	juegue
Nosotros/as	queramos	podamos	jueguemos
Vosotros/as	queráis	podáis	jueguéis
Ellos/ellas/ustedes	quieran	puedan	juegue

• Cambios de vocal **e > i, i > y** en todas las personas:

	e > i pedir	i > y construir
Yo	pida	construya
Tú	pidas	construyas
Él/ella/usted	pida	construya
Nosotros/as	pidamos	construyamos
Vosotros/as	pidáis	construyáis
Ellos/ellas/ustedes	pidan	construyan

PRISMA DE EJERCICIOS. RESUMEN GRAMATICAL

• Algunas excepciones:

	e > ie s**e**nt**ir**	o > ue d**o**rm**ir**
Yo	si**e**nt**a**	d**ue**rm**a**
Tú	si**e**nt**as**	d**ue**rm**as**
Él/ella/usted	si**e**nt**a**	d**ue**rm**a**
Nosotros/as	s**i**nt**amos**	d**u**rm**amos**
Vosotros/as	s**i**nt**áis**	d**u**rm**áis**
Ellos/ellas/ustedes	si**e**nt**an**	d**ue**rm**an**

Funcionan como:
• Sentir: *consentir, disentir, mentir, divertirse, advertir...*
• Dormir: *morir.*

¡ATENCIÓN! Cambios ortográficos

– ga/go/gu ➜ gue/gui. Ejemplo: *Jugar: juegue, juegues...*

– ca/co/cu ➜ que/qui. Ejemplo: *Sacar: saque, saques...*

– ge/gi ➜ ja/jo/ju. Ejemplo: *Coger: coja, cojas...*

– za/zo/zu ➜ ce/ci. Ejemplo: *Gozar: goce, goces...*

• Cambios en la raíz verbal que afectan a todas las personas.

Infinitivo	1.ª persona presente de indicativo	Raíz verbal del presente de subjuntivo	Terminaciones del presente de subjuntivo
Tener	yo tengo	teng-	-a -as -a -amos -áis -an
Venir	yo vengo	veng-	
Poner	yo pongo	pong-	
Hacer	yo hago	hag-	+
Salir	yo salgo	salg-	
Decir	yo digo	dig-	
Oír	yo oigo	oig-	

• Totalmente irregulares.

	ser	estar	ir	haber	saber
Yo	sea	esté	vaya	haya	sepa
Tú	seas	estés	vayas	hayas	sepas
Él/ella/usted	sea	esté	vaya	haya	sepa
Nosotros/as	seamos	estemos	vayamos	hayamos	sepamos
Vosotros/as	seáis	estéis	vayáis	hayáis	sepáis
Ellos/ellas/ustedes	sean	estén	vayan	hayan	sepan

¡ATENCIÓN! El verbo *estar* es irregular solo por motivos fonéticos: pronunciamos con más fuerza las sílabas *-té, -tés* y *-tén.*

■ Usos del subjuntivo

• Expresar deseos: en español podemos expresar deseo usando la siguiente estructura:

> **desear/querer/necesitar/preferir/esperar** + infinitivo

En este caso, las oraciones tienen un único sujeto:

(Yo)   *quiero comprar un coche nuevo.*

(Nosotros) *esperamos ir de vacaciones muy pronto.*

(Vosotros) *necesitáis estudiar más.*

• En ocasiones queremos expresar un deseo hacia otras personas. En este caso usamos la estructura:

> **desear/querer/necesitar/preferir/esperar** + que + subjuntivo

El segundo verbo aparece obligatoriamente en subjuntivo:

— *(Yo) quiero que (tú)* **compres** *un coche nuevo.*

— *(Nosotros) esperamos que (ellos)* **vayan** *pronto de vacaciones.*

— *(Vosotros) necesitáis que (yo)* **estudie** *más.*

• El presente de subjuntivo, además de su valor como presente, sirve en español para expresar una idea de futuro:

— *Espero que* **mañana vengas** *a mi fiesta.*

— *Preferimos que vosotros* **compréis** *las entradas esta* **tarde**.

• Con el subjuntivo no expresamos únicamente un deseo: támbien es posible dar órdenes, consejos o recomendaciones, peticiones, y conceder o negar permiso. Los verbos que podemos usar en este caso son *ordenar, mandar, aconsejar, recomendar, pedir, permitir, prohibir,* etc.

Tienen la misma regla que los verbos de deseo: cuando solo hay un sujeto, el segundo verbo aparece en infinitivo pero si tenemos dos sujetos diferentes, el segundo verbo aparece en subjuntivo.

— ***Mi madre*** *me ha ordenado que* **limpie** *la habitación todos los días.*

— ***Te aconsejo*** *que* **te levantes** *un poco antes para no llegar siempre tarde.*

— ***Les recomiendo*** *que* **prueben** *el salmón.*

— ***Ellos nos han pedido*** *que les* **expliquemos** *el uso del subjuntivo.*

CLAVES

Unidad 1

1.1. médico ➜ eme / e / de / i / ce / o; **azafata** ➜ a / zeta / a / efe / a / te / a; **abogada** ➜ a / be / o / ge / a / de / a; **jefes** ➜ jota / e / efe / e / ese; **taxista** ➜ te / a / equis / i / ese / te / a; **peluquero** ➜ pe / e / ele / u / cu / u / e / erre / o; **vendedor** ➜ uve / e / ene / de / e / de / o / erre; **profesora** ➜ pe / erre / o / efe / e / ese / o / erre / a.

1.2. **Médico** ➜ hospital; **azafata** ➜ avión; **abogada** ➜ tribunal; **jefes** ➜ empresa; **taxista** ➜ coche; **peluquero** ➜ peluquería; **vendedor** ➜ tienda; **profesora** ➜ escuela.

1.3. 1 ➜ uno; 7 ➜ siete; 4 ➜ cuatro; 5 ➜ cinco; 6 ➜ seis; 10 ➜ diez; 3 ➜ tres; 15 ➜ quince; 2 ➜ dos.

1.4. 18 ➜ dieciocho; 14 ➜ catorce; 25 ➜ veinticinco; 42 ➜ cuarenta y dos; 36 ➜ treinta y seis; 27 ➜ veintisiete; 19 ➜ diecinueve; 15 ➜ quince; 17 ➜ diecisiete.

1.5. 25 ➜ veinticinco; 50 ➜ cincuenta; 66 ➜ sesenta y seis; 42 ➜ cuarenta y dos; 15 ➜ quince; 55 ➜ cincuenta y cinco; 81 ➜ ochenta y uno; 70 ➜ setenta; 16 ➜ dieciséis.

1.6. 1. Queso; 2. guitarra; 3. cuchara; 4. cerveza; 5. casa; 6. vaca; 7. balanza; 8. gamba; 9. bandera; 10. jamón; 11. vaso; 12. jirafa; 13. llave; 14. girasol; 15. yogur; 16. cigarro; 17. karateka; 18. yema; 19. zapato; 20. llorar.

1.7. • **Formas del singular.**
1. Soy—yo; 2. Se llama—él, ella, usted; 3. Eres—tú; 4. Me llamo—yo; 5. Tienes—tú; 6. Tengo—yo; 7. Es—él, ella, usted; 8. Trabajo—yo; 9. Te llamas—tú; 10. Trabajas—tú.

• **Formas del plural.**
1. Somos—nosotros / as; 2. Tenéis—vosotros / as; 3. Tienen—ellos / as, ustedes; 4. Se llaman—ellos / as, ustedes; 5. Trabajamos—nosotros / as; 6. Sois—vosotros / as; 7. Os llamáis—vosotros / as; 8. Nos llamamos—nosotros / as; 9. Tenemos—nosotros / as; 10. Trabajáis—vosotros / as; 11. Son—ellos / as, ustedes; 12. Trabajan—ellos / as, ustedes.

1.8. **Ser:** 1. soy; 2. somos; 3. son; 4. es; 5. son; 6. sois; 7. eres; 8. es; 9. es; 10. es.
Tener: 1. tienes / Tengo; 2. tienen; 3. Tiene; 4. Tenéis / tenemos; 5. tiene; 6. tiene; 7. tienen; 8. tener; 9. Yo tengo, tú tienes, él / ella / usted tiene; 10. Nosotros / as tenemos, vosotros / as tenéis, ellos / as / ustedes tienen.
Llamarse: 1. se llaman; 2. te llamas; 3. me llamo, me llamo; 4. se llama; 5. os llamáis; 6. se llama; 7. te llamas; 8. te, se, se, se; 9. os, se, se; 10. llamarse.

1.9. 1. japonés / a; 2. italiano / a; 3. francés / a; 4. inglés / a; 5. estadounidense; 6. sueco / a; 7. marroquí; 8. argentino / a; 9. brasileño / a; 10. portugués / a.

1.10. 1. De dónde / Cómo / Quién; 2. Cuántos; 3. Cómo; 4. Quién / De dónde / Cómo; 5. Cuántos; 6. Cómo; 7. Cómo / De dónde; 8. Cómo; 9. Cómo / De dónde / Quién.

1.11. 1. profesor; 2. taxista; 3. pintor; 4. actor; 5. doctora; 6. secretarias.

1.12. 1. En Barcelona; 2. Del sur de España; 3. Veinte años; 4. Francés y japonés.
1. F; 2. F; 3. V; 4. F

Unidad 2

2.1. 1. El libro; 2. El problema; 3. La carpeta; 4. La noche; 5. La clase; 6. El día; 7. El coche; 8. La mano; 9. El sobre; 10. La dirección.

2.2. 1. Un libro; 2. Un problema; 3. Una carpeta; 4. Una noche; 5. Una clase; 6. Un día; 7. Un coche; 8. Una mano; 9. Un sobre; 10. Una dirección.

2.3. 1. La casa blanca; 2. El espejo grande; 3. Las sillas cómodas; 4. El teléfono móvil; 5. Las gafas oscuras; 6. Los tomates rojos.

2.4. **2.** La ventana está a la derecha. **3.** Los niños son americanos. **4.** Las gafas están encima de la mesa. **5.** El coche es negro.

2.5. **1.** hablo, hablas, habla; **2.** como, comes, come; **3.** escribo, escribes, escribe.

2.6. **1.** escuchamos, escucháis, escuchan; **2.** leemos, leéis, leen; **3.** vivimos, vivís, viven.

2.7. **1.** Los libros están encima de la mesa; **2.** Yo tengo un teléfono móvil gris; **3.** Las gafas de Ángeles son granates; **4.** En la clase de Jordi hay catorce sillas; **5.** ¿Qué dirección de e-mail tiene José M.ª?; **6.** Los estudiantes preguntan al profesor; **7.** Las profesoras de Gregory se llaman Paula y Linda; **8.** Laura vive cerca de la escuela; **9.** La papelera está debajo de la mesa; **10.** El despacho de M.ª José está en el 2.º piso.

2.8. **1.** escuchan; **2.** tira; **3.** lee; **4.** borramos; **5.** hablas; **6.** bebe; **7.** miráis; **8.** escribo; **9.** comprendes; **10.** escucháis.

2.9. **1.** ¿Habla mucho en clase?; **2.** ¿Escribe cartas con frecuencia?; **3.** ¿Dónde vive?; **4.** ¿Comprende las instrucciones?; **5.** ¿Escucha música en español?

2.10. **1.** *Piolín está* **lejos de** *la jaula*; **2.** Piolín está **detrás de** la jaula; **3.** Piolín está **a la derecha de** la jaula; **4.** Piolín está **dentro de** la jaula; **5.** Piolín está **cerca de** la jaula; **6.** Piolín está **encima de** la jaula; **7.** Piolín está **a la izquierda de** la jaula; **8.** Piolín está **delante de** la jaula; **9.** Piolín está **entre** la jaula y la televisión; **10.** Piolín está **debajo de** la jaula; **11.** Piolín está **fuera de** la jaula; **12.** Piolín está **al lado de** la jaula.

2.11. **1.** hay; **2.** está; **3.** Hay; **4.** hay; **5.** está, Ø; **6.** está; **7.** está; **8.** hay; **9.** Ø; **10.** Ø.

2.12. En mi clase hay **cuatro sillas**, una lámpara blanc**a** y muy grande y **una** pizarra. La profesora habl**a** siempre en español y nosotros escuch**amos** con atención. También hay **una** papelera y **un** radiocasete para las clases de conversación. Mi amigo y yo le**emos** muchos libros en español y estudi**amos** mucho en casa. Tenemos libros y **unos** diccionarios para trabajar y cada día aprendemos más gramática.

2.13. **1.** Rojo; **2.** Casa; **3.** Leche; **4.** Calle; **5.** Piso; **6.** Oficina; **7.** Trabajamos; **8.** Negro; **9.** Vasos; **10.** Sobre.

2.14. INODORO / SILLÓN / HORNO / RELOJ / SOFÁ / ESPEJO / MESA.

2.15. **En la oficina:** señor / está / usted.
En un bar: estás / tienes / tú / tienes.

2.16. **1.** Avda, n.º, 2.º, 3.º; **2.** C/; **3.** Pza., n.º, dcha; **4.** (@).

2.17. **1.** El piso tiene cuatro dormitorios. **2.** Encima del escritorio hay un ordenador. **3.** La lavadora está en el baño. **4.** En el dormitorio hay un escritorio, un ordenador y una lámpara.
1. Falso; **2.** Verdadero; **3.** Falso; **4.** Falso.

2.18. **1.** rotulador; **2.** carpeta; **3.** avenida; **4.** dirección; **5.** sello; **6.** sofá.

2.19. me levanto, escucho, leo, se levanta, tomamos, es, estudia, se llama, es, estudia, escucha, lee, pregunta, escribe, aprende, estoy.

Unidad 3

3.2. grande, luminosa, alto, rubio, gordito, alta, morena, delgada, calvo, feo, pelirroja, gorda, delgada, rojo, simpático, alegre, agradable.

3.3. luminosa ➡ oscura; alto ➡ bajo; rubio ➡ moreno; gordito ➡ delgado; alta ➡ baja; morena ➡ rubia; delgada ➡ gorda; calvo ➡ con pelo; feo ➡ guapo; simpático ➡ antipático; alegre ➡ triste; agradable ➡ desagradable.

3.4. Playa: Extensión de arena en la orilla del mar. Luminosa: Que tiene mucha luz. Turista: Persona que viaja por distintos países. Francés: Persona de Francia. Calvo: Persona que no tiene pelo. Bañador: Prenda de vestir que utilizamos para bañarnos. Grande: De mayor tamaño. Delgada: Persona que tiene poca carne o grasa en el cuerpo. Gafas: Utensilio que usamos para ver bien. Calor: Ausencia de frío.

3.5. **Tener** ojos verdes, el pelo largo.
Ser alta, simpática, guapo, calvo, serio.
Llevar un biquini rojo, una camiseta.

3.6. **Ser** va con adjetivos.
Tener va con sustantivos.
Llevar va con prendas de vestir.

3.7. Escribe los adjetivos posesivos que faltan.

Masculino • Tu; Nuestro; Su.

Femenino • Mi; Su; Vuestra.

3.8. **Masculino** • Mis; Tus; Sus; Nuestros; Vuestros; Sus.

Femenino • Mis; Tus; Sus; Nuestras; Vuestras; Sus.

3.9. **1.** roja; **2.** grises; **3.** azul; **4.** negros; **5.** oscuros, roja, gris, blanca.

3.10. **1.** camiseta; **2.** zapatos; **3.** alto / claro; **4.** grandes / cómodos; **5.** ondulado; **6.** simpáticos; **7.** sandalias; **8.** suecas.

3.11.

	Trabajar	Ver	Vivir	Estudiar
Yo	**trabajo**	veo	vivo	estudio
Tú	trabajas	ves	**vives**	estudias
Él/ella/usted	trabaja	ve	vive	estudia
Nosotros/as	trabajamos	**vemos**	vivimos	estudiamos
Vosotros/as	trabajáis	veis	vivís	**estudiáis**
Ellos/as/ustedes	trabajan	ven	viven	estudian

3.12. **1.** tienen; **2.** está; **3.** venden; **4.** compra; **5.** es; **6.** llevo; **7.** llevas; **8.** tiene; **9.** sois; **10.** haces.

3.13. trabaja; Vende; abre; está; hay; compran; es; tiene.

3.14. Yo soy; tú eres; él/ella/usted es.

Yo tengo; tú tienes; él/ella/usted tiene.

Yo hago; tú haces; él/ella/usted hace.

Nosotros/as compramos; vosotros/as compráis; ellos/as/ustedes compran.

Nosotros/as abrimos; vosotros/as abrís; ellos/as/ustedes abren.

Nosotros/as vendemos; vosotros/as vendéis; ellos/as/ustedes venden.

3.15. **1.** La mujer de Felipe se llama Letizia; **2.** Los alumnos de Cristina son simpáticos; **3.** Mi padre lleva gafas para leer mejor; **4.** Javier y Laura tienen una hija preciosa; **5.** ¿De dónde son vuestros padres?; **6.** Estas gafas de sol cuestan 210 euros; **7.** La familia de Eva vive en León; **8.** Su apartamento está en el centro; **9.** Mi tío Miguel tiene el pelo blanco; **10.** Yolanda y Diego son novios y son de Almería.

3.16. **1.** Maite; **2.** Tres sobrinas; **3.** Cerca de la casa de los padres de Ana; **4.** Ana.

A. F; **B.** F; **C.** V; **D.** F.

Unidad 4

4.1. prefiero-quiero / prefieres-quieres / prefiere-quiere.

4.2. Que la e del infinitivo diptonga en ie

4.3. preferimos-queremos / preferís-queréis / prefieren-quieren.

4.4. Que la e del infinitivo diptonga en ie.

4.5. necesito; necesitas; necesita; necesitamos; necesitáis; necesitan.

4.6. regular.

4.7. necesito / prefiero / queremos / necesita / quiere / prefiere.

4.8. **Dos respuestas posibles.**

▷ ¿Necesitas coche para ir a tu trabajo o a tu centro de estudios?

► Sí, necesito coche para ir a mi trabajo.

► No, no necesito coche para ir a mi trabajo.

▷ ¿Qué medio de transporte prefieres, el coche, el autobús, el metro...?

► Prefiero el coche.

▷ ¿Quieres comprar un coche nuevo ahora?

► Sí, si quiero comprar un coche nuevo.

► No, no quiero comprar un coche nuevo.

4.9. **1.** escribir; **2.** ir; **3.** una coca-cola; **4.** estudiar; **5.** un diccionario; **6.** cenar; **7.** el coche; **8.** unos zapatos nuevos; **9.** sopa.

4.10. **Posibles respuestas.**

1 más / que; **2.** más / que; **3.** tan / como; **4.** más / que; **5.** tan / como; **6.** más / que; **7.** tan / como; **8.** más / que; **9.** más / que ; **10.** más / que.

4.11. **1.** mayor; **2.** peor; **3.** mayor; **4.** mejor; **5.** peores.

4.12. **1.** vamos; **2.** voy; **3.** vas; **4.** van; **5.** va; **6.** va-voy; **7.** vais-vais; **8.** van-vamos; **9.** va; **10.** van-voy.

4.13. **1.** en; **2.** a; **3.** a (a + el); **4.** ∅; **5.** A; **6.** en; **7.** en, en; **8.** en; **9.** en; **10.** A.

4.14. **1.** Pablo va a la universidad en moto; **2.** Mis hermanas prefieren leer el periódico; **3.** Necesito escribir una carta para Eva; **4.** Cerca de mi casa hay una farmacia; **5.** Susana es tan alta como Cristina; **6.** Viajar en avión es mejor que viajar en bicicleta; **7.** Mi padre prefiere ver las noticias de Antena 3; **8.** Laura y Paula van a pie a trabajar.

4.15. **Posible respuesta.**

Rápido-Metro / Romántico-Barco / Ecológico-Bicicleta / Caro-Avión / Barato-A pie / Sano-Andando.

4.16. Viejo-Joven / Caro-Barato / Rápido-Lento / Grande-Pequeño / Mejor-Peor / Mayores-Menores / Bueno-Malo / Más que-Menos que / Delante de-Detrás de.

4.17. Necesito / está / cerca / a la derecha / lejos / al lado de.

4.18. **1.** ESTACIÓN; **2.** BARATO; **3.** TRANSPORTES; **4.** VIAJAR; **5.** MENORES; **6.** NECESITAR.

4.20. **Metro:** rápido / puntual. **Autobús:** agradable / relajante.

Posibles soluciones: Metro: práctico; **Autobús:** lento / impuntual.

Unidad 5

5.1. pido / pides / pide / piden.

sirvo / sirves / sirve / sirven.

me visto / te vistes / se viste / se visten.

Irregularidad: la **e** del infinitivo cambia a **i.**

5.2. me acuesto / te acuestas / se acuesta / nos acostamos / os acostáis / se acuestan.

me despierto / te despiertas / se despierta / nos despertamos / os despertáis / se despiertan.

Irregularidad: Acostarse → la **o** del infinitivo diptonga en **ue.**

Despertarse → la **e** del infinitivo diptonga en **ie.**

5.3. doy / hago / traduzco / salgo / conozco / sé / pongo / vengo / tengo / digo / oigo / voy / soy / construyo.

5.4. 23:00: las once; 12:30: las doce y media; 15:45: las cuatro menos cuarto / las tres y cuarenta y cinco; 19:25: las siete y veinticinco; 01:05: la una y cinco; 07:56: las ocho menos cuatro; 20:15: las ocho y cuarto; 03:38: las tres y treinta y ocho / las cuatro menos veintidós.

5.5. ¿A qué hora se despierta?; ¿A qué hora se ducha?; ¿A qué hora desayuna?; ¿A qué hora se lava los dientes?; ¿A qué hora se viste?; ¿A qué hora sale de casa?; ¿A qué hora empieza a trabajar?; ¿A qué hora se acuesta?

5.6. **1.** Los lunes, martes, miércoles y viernes sale a las 17:30. Los jueves sale a las 18:30; **2.** Va al dentista el miércoles a las once y media; **3.** Practica el squash tres veces por semana; los lunes, miércoles y viernes; **4.** Los lunes a medio día almuerza con la junta directiva; **5.** El martes por la noche va al cine con Eva; a las diez y diez; **6.** Come con su jefe el martes a las tres; **7.** No, el viernes no tiene una reunión de trabajo; **8.** Hace la compra los sábados por la mañana; **9.** Sale con sus amigos los sábados. A la una del mediodía toma el aperitivo y por la noche, a las 11 y cuarto, sale de copas; **10.** El domingo por la tarde ve el partido de fútbol.

5.7.   **1.** Todos los días me levanto a las 7:00; **2.** Casi nunca voy a la ópera; **3.** Todos los domingos desayuno zumo de naranja; **4.** Pocas veces veo la televisión; **5.** Los fines de semana siempre nos acostamos tarde; **6.** A menudo mis amigos escuchan música clásica; **7.** Todos los jueves tenemos la reunión académica a las 14:00; **8.** Una vez a la semana vamos al cine; **9.** Siempre vienen muchos turistas a la playa en verano; **10.** Todas las noches leo cuando me acuesto.

5.8.   **siempre**, todos los días, muchas veces, tres veces al día, a menudo, dos veces a la semana, *a veces, dos veces al mes, *casi nunca, una vez al año, cada cinco años, **nunca. [*puede variar según la perspectiva del hablante.]**

5.9.   **1.** B; **2.** C; **3.** A; **4.** B; **5.** A.

5.10.   Lunes, martes, miércoles, jueves, viernes, sábado y domingo.

5.11.   Verano: junio, julio, agosto; Otoño: septiembre, octubre, noviembre; Invierno: diciembre, enero, febrero; Primavera: marzo, abril, mayo.

5.12.   **1.** Melanie; **2.** A las nueve; **3.** A menudo; **4.** Normalmente se acuesta tarde.

Unidad 6

6.1.   me / te / le / nos / os / les.

6.2.   **A.** Me gusta: la playa, el verano, la cerveza, jugar al fútbol, nadar, el cine.
B. Me gustan: los coches, los helados, los museos.
Se usa:
Me gusta: cuando le sigue un sustantivo singular o un infinitivo.
Me gustan: cuando le sigue un sustantivo plural.

6.3.   **Me encanta:** la playa, el verano, la cerveza, jugar al fútbol, nadar, el cine.
Me encantan: los coches, los helados, los museos.

6.4.   a mí ➜ me; a ti ➜ te; a él / ella / usted ➜ le; a nosotros/as ➜ nos; a vosotros/as ➜ os; a ellos / ellas / ustedes ➜ les.

6.5.   me gusta / le gusta / me encanta / le encantan / nos gustan / le encantan / me gustan.

6.6.   Me entusiasma, me encanta, me gusta mucho, me gusta, no me gusta demasiado, no me gusta nada, me horroriza.

6.7.   **1.** Le pasa; **2.** nos gusta; **3.** te duele; **4.** les encanta; **5.** me queda; **6.** le duelen.

6.8.   **1.** Incorrecta: Me <u>encanta</u>...; **2.** Incorrecta: ...<u>les</u> gustan...; **3.** Incorrecta: ¿<u>A</u> tus estudiantes les gustan...?; **4.** Correcta; **5.** ... <u>les gustan</u> nada...

6.9.   **1.** desayuno; **2.** tres platos: primero, segundo y postre; **3.** raciones de comida; **4.** a media tarde; **5.** cena.

6.10.   me duele; te duele; le duele; nos duele; os duele; les duele. Que la **o** del infinitivo, diptonga en **ue**.

6.11.   Me duele el dedo, la espalda, la cabeza, el ojo, el estómago. Me duelen los oídos, los pies, las manos, las piernas.

6.12.   Buenos días; es; le duele; fiebre; Te gustan; me; le encanta; también; tiene.

6.13.   **Cabeza:** oreja, boca, frente, cuello, lengua, ojos, nariz, dientes.
Tronco: estómago, pecho, espalda, cintura, cadera, ombligo.
Extremidades: pie, brazo, codo, pierna, rodilla, tobillo, nalgas, mano, hombro, dedos.

6.14.   **Tener:** tos, fiebre, gripe.
Doler: la cabeza, la espalda, el estómago, el brazo, la pierna.
Estar: cansado, mareado, enfermo.

6.16.   **A.** F; **B.** F; **C.** V; **D.** F.

6.17.   Vestido; Salir; Vino; Cara; Galleta.

Unidad 7

7.1.   cantando; viajando; trabajando; probando; cocinando; escribiendo; viviendo; durmiendo; diciendo; siguiendo; lloviendo; comiendo; volviendo; leyendo; oyendo.

7.2. **1.** está durmiendo; **2.** están cocinando; **3.** está trabajando; **4.** está haciendo; **5.** estoy leyendo.

7.3. **1.** La semana que viene tengo un examen; **2.** Todos los lunes los alumnos nuevos hacen un examen; **3.** Ahora llueve/está lloviendo mucho; **4.** Estudio/estoy estudiando español desde hace dos meses; **5.** La pared del despacho es amarilla; **6.** Me duele/me sigue doliendo la cabeza; **7.** Juan tiene 40 años; **8.** El tren llega/está llegando en este momento; **9.** Mis padres tienen tres hijos mayores de edad.

7.4. **Hay** tormenta, nieve.
Hace sol, viento, mal tiempo, aire, calor, frío, mucho calor, fresco.
Está nublado.

7.5. la tierra, el mar, el aire, el viento, la luna, el sol, el calor, la lluvia, el frío, la niebla, el cielo, la nieve, el verano, el invierno, la primavera, el otoño, la temperatura.

7.6. El frío **frío**; El sol **soleado**; La humedad **húmedo**; La nube **nuboso**; El calor **caluroso**; La lluvia **lluvioso**.

7.7. hace fresco; hace calor; está nublado; hace viento; llueve; hay tormentas; hace tanto calor.

7.8. **En el diccionario hay muchas palabras. Tengo mucho calor. Mi casa no es muy grande. Javier canta muy mal. Mi hermano viaja mucho a Italia. Las clases son muy interesantes. Carmen tiene mucha fiebre.**

7.9. es muy viento ➡ **es mucho viento**; está muchísimo calor ➡ **hace muchísimo calor**; hace muy sol ➡ **hace mucho sol**; es mucho agradable ➡ **es muy agradable**; es fresco ➡ **hace fresco**; llueve muy ➡ **llueve mucho**.

7.10.
```
D E S P E J A D O
E N E R O
  F R Í O
      M Ñ A N A
V E R A N O
N I E V A
L L O V E R
    T O R M E N T A
      A I R E
```
Palabra oculta: **PRIMAVERA**.

7.11. **A.** llover. **B.** nevar.

7.13. **1.** De Madrid; **2.** En Madrid; **3.** Suave; **4.** Hace muchísimo frío.

7.14. **1.** F; **2.** V; **3.** F; **4.** V.

7.15. **1. B.** Juan: Es verdad, hace muchísimo frío.
2. A. ¿ya no sigues trabajando en la escuela de recepcionista?

Unidad 8

8.1. **Aquí:** estos, estas, este, esta; **Ahí:** esos, ese, eso, esa; **Allí:** aquellas, aquel, aquellos, aquello.

8.2.
(Aquí) **Estas** camisas.	(Ahí) Esas manzanas.	(Allí) Aquel melón.
(Aquí) Este libro.	Ese pescado.	Aquella cerveza.
(Aquí) Estos huevos.	Esa carne.	Aquellos calamares.
(Aquí) Esta panadería.	Esos tomates.	Aquellas tartas.

8.3. **En la panadería:** esta; aquella.
En la frutería: estos; aquellos; Estos, estos; Estos.

8.4. **Este / a / o (s)** A lo que se refieren se encuentra cerca del hablante (aquí).
Ese / a / o (s) A lo que se refieren se encuentra a una distancia media del hablante (ahí).
Aquel / aquella / o (s) A lo que se refieren se encuentra un poco más alejado del hablante (allí).

8.5. **Personas:** alguien, nadie.
Cosas: algo, nada.
Personas y Cosas: alguno, algún, ninguno, ningún, alguna, ninguna, algunos, algunas.

8.6. algo, nada; alguien, nadie; algo, nada, nada; alguien, nadie.

8.7. **1.** algunos; **2.** algo; **3.** Algunas; **4.** Algún; **5.** alguna; **6.** Alguno; **7.** Algunas; **8.** algo; **9.** Algunos; **10.** Algún.

8.8. **Frase n.º 2** ¿No necesitas nada?

Frase n.º 4 Ningún ejercicio ha quedado incompleto.

Frase n.º 5 Juana no tiene ninguna idea interesante sobre nuestro viaje.

Frase n.º 6 Ninguno de vosotros me preocupa.

Frase n.º 8 No tengo nada de dinero.

8.9. lo como; la lavo; lo limpio; los frío; las pelo; las leo; la oigo; lo conduzco; la pongo; los riego.

8.10. **Salsa**

Pelamos una o dos cebollas. La cortamos y la ponemos en una cazuela con aceite. Abro una lata de atún y lo añado a la cazuela. Abro una lata de aceitunas y las pongo en la cazuela.

Macarrones

Pongo una cazuela con agua al fuego. Cuando el agua está hirviendo, añado los macarrones. Los muevo. Cuando están cocidos los macarrones, los saco y los pongo en una fuente.

8.11. **1.** Las; **2.** te; **3.** la; **4.** os; **5.** los; **6.** la; **7.** lo.

8.12. **1.** las; **2.** lo; **3.** la; **4.** los; **5.** la; **6.** la; **7.** la; **8.** la; **9.** los; **10.** las.

8.13. **Lo:** sustituye a un sustantivo masculino singular. **La:** sustituye a un sustantivo femenino singular. **Los:** sustituye a un sustantivo masculino plural. **Las:** sustituye a un sustantivo femenino plural.

8.14. **A. 1.** Los; **2.** Las.

B. pelar; cortar; poner; estar; echar; remover; batir.

8.15. **1.** Panadería; **2.** Frutería; **3.** Estanco; **4.** Perfumería; **5.** Pescadería; **6.** Carnicería; **7.** Floristería; **8.** Pastelería; **9.** Supermercado; **10.** Tienda de ropa.

8.16. **COMIDA:** pan; tomates; ensalada; huevos; naranjas; salchichas; patatas fritas; embutido; una tarta.

OTROS PRODUCTOS: colonia; flores; un cepillo de dientes; pañuelos de papel; el periódico; velas; lejía.

8.17. **1.** Es un teléfono móvil. Sirve para llamar por teléfono; **2.** Es un bolígrafo. Sirve para escribir; **3.** Es dinero. Sirve para comprar; **4.** Es una cuchara. Sirve para comer; **5.** Es un tenedor. Sirve para comer; **6.** Es un cuchillo. Sirve para cortar; **7.** Es una cama. Sirve para dormir; **8.** Es un reloj. Sirve para consultar la hora; **9.** Es un libro. Sirve para leer.

8.18. Un sofá 300 (trescientos) euros.

Un frigorífico 1000 (mil) euros.

Una cama y un colchón 1800 (mil ochocientos) euros.

Una mesa para el salón 500 (quinientos) euros.

Seis sillas, cada silla 180 euros (mil ochenta).

Una lavadora 700 euros (setecientos).

En total son (5380) cinco mil trescientos ochenta euros. ¡QUÉ CARO!

No, no voy a comprar la mesa para el salón. –500 (quinientos) euros.

No, no voy a comprar seis sillas, solo dos. –360 (trescientos sesenta) euros.

En total ahora son (4520) cuatro mil quinientos veinte euros.

8.19. Relaciona cada cifra con su número correspondiente.

1.	Sesenta mil trescientos cincuenta y siete	**60 357**
2.	Un millón doscientos treinta y cuatro mil cuatrocientos ochenta y nueve	**1 234 489**
3.	Cinco mil novecientos cuarenta y uno	**5941**
4.	Trece mil veintidós	**13 022**
5.	Seiscientos tres mil quinientos setenta y cinco	**603 575**
6.	Mil trescientos veintidós	**1322**

7. Cuarenta mil quinientos treinta y cuatro	**40 534**
8. Cincuenta y nueve mil cuatrocientos once	**59 411**
9. Cuatro mil quinientos treinta y cuatro	**4534**
10. Ciento veintitrés mil cuatrocientos cuarenta y ocho	**123 448**

8.20. **1.** F; **2.** V; **3.** V; **4.** F.

8.21. **1.** Dos secciones; **2.** Nada; **3.** Al fondo del pasillo; **4.** Porque es caro.

Unidad 9

9.1. va a ser; vamos a cenar; vamos a ir; puede venir; pensamos ir; tenemos que levantarnos; vamos a hacer; pensamos caminar; pensamos disfrutar; hay que llevar; pienso dormir; pienso leer; quiero ir.

9.2. **1. Ir a + infinitivo:** indica planes y proyectos en un futuro próximo.
   2. Pensar + infinitivo: expresa la intención de hacer algo en el futuro.
   3. Tener que + infinitivo: indica una obligación inexcusable o una recomendación enfática.
   4. Hay que + infinitivo: expresa una obligación impersonal.
   5. Deber + infinitivo: expresa una obligación, pero no es inexcusable. También se usa para dar consejo.

9.3. **1.** van; **2.** piensa; **3.** quieres; **4.** pienso; **5.** debe; **6.** pensáis, Iréis, preferís; **7.** voy; **8.** puedes; **9.** piensas; **10.** tiene, puede.

9.4. *Planes y proyectos.* Voy a levantarme temprano el próximo sábado; Vamos a comprar los billetes del viaje esta tarde; ¿A qué hora vas a llegar?
   Obligación o recomendación. Tengo que trabajar toda la noche; Luis tiene que pintar la casa antes del traslado; Tenéis que cuidar a vuestra madre, está muy nerviosa últimamente.
   Obligación impersonal. Hay que estar en el aeropuerto una hora antes del vuelo; ¿Hay que limpiar toda la casa?; ¿Qué hay que hacer?

9.5. **1.** ➡ vamos; pienso; tenemos; voy; tenemos; piensas; prefiero; podemos; vamos.

9.6. **Posibles respuestas:**
   El domingo por la mañana van a dar un paseo por el Retiro. Después van a ver el museo Reina Sofía. Más tarde van a tomar el aperitivo en la Puerta del Sol. Van a comer en un restaurante que a Carmen le gusta mucho. Por la tarde van a ver la última película de Javier Bardem. Luego van a ver a unos amigos. Sobre las nueve de la noche van a volver a casa.

9.7. **1. c)** En el aeropuerto hay que estar a las 18:00 horas; **2. a)** Tengo que estudiar todo el fin de semana; **3. c)** Pienso hacer un crucero por el Caribe; **4. b)** Debes estudiar más; **5. a)** Voy a acercarme a ver si lo tienen.

9.8. **Tiempo Libre / Ocio:** cine, aperitivo, paseo, tarde libre, excursión, descanso, amigos, discoteca, diversión, teatro.
   Trabajo / Estudio: agenda, jefe, clase, reunión con el director, deberes, oficina, empresa, horario, libro de texto, sueldo.

9.9. Santiago: Uy, ni hablar, no me apetece nada; ¡Qué rollo!
   Andrea: Ni loca. ¡Qué horror!

9.11. **Posible solución.**
   Andrés, el viernes por la mañana va a trabajar; a las 14:30 tiene que comer con los compañeros de trabajo; a las 17:00 va a jugar con Eduardo al squash; por la noche quiere ir al cine, quiere ver *Alien, el 8.º pasajero*.
   El sábado tiene que ayudar a Eva a hacer la limpieza; a mediodía debe ir a comer a casa de Teresa; por la tarde quieren ir a pasear a Las Ramblas.
   El domingo por la mañana piensa ir con los niños al zoo; a las 13:45 van a tomar el aperitivo a *El Tomás*; por la tarde van a celebrar el cumpleaños de Marina. Hay que ir pronto a la cama porque el lunes hay que trabajar.

9.12. **1.** No, es que tiene que acostarse pronto porque el lunes tiene que trabajar; **2.** No, es que tiene que ayudar a Eva a hacer la limpieza; **3.** No, es que hay que celebrar el cumpleaños de Marina; **4.** No, es que tiene que trabajar; **5.** No, es que va a comer a casa de Teresa.

9.13. **Posibles soluciones: 2.** Hay que llegar tarde / No hay que llegar pronto; **3.** No hay que hacer los deberes nunca; **4.** Hay que estar dormido / No hay que estar despierto; **5.** No hay que ayudar a los otros / Hay que molestar a los otros.

9.15. **1.** Montse piensa visitar la Sagrada Familia y piensa pasear por el Parque Güell; **2.** Porque va a perfeccionar su español; **3.** Va a tener que enseñarle a su padre la carta; **4.** Va a salir un rato.

9.16. **1.** V; **2.** V; **3.** F; **4.** V.

Unidad 10

10.1. Yo he; Tú has; Él/ella/usted ha; Nosotros/as hemos; Vosotros/as habéis; Ellos/as/ustedes han.

10.2.

bailar ➜ bailado	mirar ➜ mirado	hablar ➜ hablado
cenar ➜ cenado	estudiar ➜ estudiado	escuchar ➜ escuchado
beber ➜ bebido	leer ➜ leído	saber ➜ sabido
querer ➜ querido	comer ➜ comido	creer ➜ creído
vivir ➜ vivido	ir ➜ ido	partir ➜ partido
salir ➜ salido	dirigir ➜ dirigido	venir ➜ venido

10.3. Los infinitivos que terminan en AR: suprimimos AR y **añadimos -ADO**.

Los infinitivos que terminan en ER: suprimimos ER y **añadimos -IDO**.

Los infinitivos que terminan en IR: suprimimos IR y **añadimos -IDO**.

10.4.

romper ➜ **roto**	poner ➜ **puesto**	escribir ➜ **escrito**
ver ➜ **visto**	abrir ➜ **abierto**	morir ➜ **muerto**
decir ➜ **dicho**	volver ➜ **vuelto**	resolver ➜ **resuelto**
hacer ➜ **hecho**	descubrir ➜ **descubierto**	cubrir ➜ **cubierto**

10.5. **1.** ha cocinado; **2.** no ha venido; **3.** hemos comido; **4.** he podido; **5.** Has escrito; **6.** habéis tenido; **7.** He leído; **8.** Ha visto; **9.** Han trabajado; **10.** hemos hablado.

10.6. **2.** he comido; **3.** me he levantado; **4.** ha ido; **5.** hemos hecho; **6.** han puesto; **7.** ha vuelto; **8.** ha hecho; **9.** has escrito; **10.** habéis dicho.

10.7. **1.** ¿Ha hablado con Julia?; **2.** ¿Ha visto usted al jefe de departamento?; **3.** ¿Habéis estado en la agencia de viajes "Sueñotur"?; **4.** ¿Ha abierto él la puerta principal?; **5.** ¿Han escrito ellos la crónica deportiva?; **6.** ¿Has ido tú últimamente al cine?; **7.** ¿Han dicho ellas alguna cosa?; **8.** ¿Ha comentado el telediario la noticia?; **9.** ¿Ha puesto Juan la tele?; **10.** ¿Habéis leído el periódico hoy?

10.8. **1.** No, todavía no ha hablado con él; **2.** No, aún no he visto al jefe de departamento; **3.** Sí, ya hemos estado en la agencia de viajes; **4.** Sí, ya ha abierto la puerta principal; **5.** No, todavía no han escrito la crónica deportiva; **6.** Sí, ya he ido dos veces esta semana; **7.** No, aún no han dicho nada; **8.** No, el telediario de las 15:00 aún no ha comentado la noticia; **9.** Sí, ya ha puesto la tele; **10.** No, todavía no hemos leído el periódico.

10.9. **¡Hoy ha sido un sábado ...!**

me he levantado; he hecho; he desayunado; ha llamado; Hemos quedado; hemos hablado; hemos despedido; he ido; He comprado; he visto; Hemos tomado; He vuelto; he hecho; he echado; he salido; hemos quedado; hemos cenado; ha estado; he metido.

... un sábado normal!

10.10.

Turismo	Vida cotidiana	Periódico
albergue	levantarse	el editorial
montaña	comer con los compañeros	sección internacional
turismo rural	ir a trabajar	crónica
mochila	ducharse	titulares
hotel	hacer la cena	programación de TV
agencia	ver la TV	noticia
billete	leer el periódico	artículo de opinión
excursión		redactor

10.11. **1.** **b)** mi autobús ha pasado hace 5 minutos.

    2. **a)** he ido un par de veces.

    3. **c)** sí, ya he estado.

    4. **d)** ayer.

    5. **a)** lo siento chicos, de verdad, he tenido un accidente con la moto y...

10.13. 1. F; **2.** V; **3.** F; **4.** V; **5.** F.

10.14. **vejez** = juventud; **cansancio** = vitalidad, energía; **han aumentado** = han disminuido; **tarde** = pronto.

10.15. **pastilla** = comprimido; **movilidad** = elasticidad; **feliz** = contenta, satisfecha; **se aconseja** = se recomienda.

10.16.

```
   H E   A N D A D O   M U C H O
S   C A M I N O S,   H E   A B I
E R T O   M U C H A S   V E R E
D A S;   H E   N A V E G A D O
E N   C I E N   M A R E S,   Y
A T R A C A D O   E N   C I E N
  R I B E R A S.   Y   E N   T O
D A S   P A R T E S   H E   V I
S T O   G E N T E S   Q U E   D
A N Z A N   O   J U E G A N,   C
U A N D O   P U E D E N.     A N
T O N I O   M A C H A D O
```

Unidad 11

11.1. 1. prefieren; 2. hay; 3. se mantiene; 4. gastan; 5. se va; 6. sigue; 7. muestran; 8. dice; 9. prefiere; 10. se levanta; 11. se levantan; 12. se levantan; 13. se acuestan.

11.2. 1. acostamos; 2. cierran; 3. tengo; 4. protegen; 5. prefiero; 6. divierten; 7. pensamos; 8. huelen; 9. recuerdo; 10. cuesta.

11.3. OLER: huelo, hueles, huele, olemos, oléis, huelen.

    SOLER: suelo, sueles, suele, solemos, soléis, suelen.

    ACOSTARSE: me acuesto, te acuestas, se acuesta, nos acostamos, os acostáis, se acuestan.

    VESTIRSE: me visto, te vistes, se viste, nos vestimos, os vestís, se visten.

    SEGUIR: sigo, sigues, sigue, seguimos, seguís, siguen.

    REPETIR: repito, repites, repite, repetimos, repetís, repiten.

    HUIR: huyo, huyes, huye, huimos, huis, huyen.

    RECONOCER: reconozco, reconoces, reconoce, reconocemos, reconocéis, reconocen.

    VALER: valgo, vales, vale, valemos, valéis, valen.

11.4. 1. se despierta; 2. me ducho, me baño; 3. salen; 4. voy, me gusta; 5. tiene; 6. corrige; 7. quieres, prefiero; 8. me acuesto; 9. trabaja, duerme, estoy; 10. pedís; 11. vengo, pido, está; 12. juegan; 13. digo; 14. empiezas; 15. se siente, creo, está; 16. te sientas, te duele; 17. suelo, puedo; 18. comienzas; 19. cuestan; 20. cuentas; 21. encuentro, sabes, están; 22. Conozco, sabe; 23. cojo, hago; 24. pongo, me gusta; 25. sueña, tiene; 26. sé, canta; 27. Puedes, está; 28. se acuerdan, están; 29. Recuerdo; 30. compite.

11.5. a. que, 12; b. donde, 1; c. que, 9; d. que, 8; e. que, 4; f. donde, 6; g. que, 14; h. que, 11; i. que, 2; j. que, 5; k. que, 10; l. que, 3; m. donde, 7; n. donde, 13.

11.6. a. 1. Para empezar; 2. Sin embargo; 3. Asimismo; 4. por una parte; 5. por otra; 6. por tanto; 7. En resumen.

    b. 1. Verdadero; 2. Falso; 3. Verdadero; 4. Verdadero.

11.7. mira; Cena; Da; toma; Lee; Toma; Deja; piensa; Apaga; respira.

11.8. Cenar; Dar; tomar; Leer; Tomar; Dejar; pensar; Apagar; respirar.

11.9.

TÚ	trabaja	come	corre	sube	canta	lee	ve	escribe	pregunta	ve	oye
VOSOTROS/AS	trabajad	comed	corred	subid	cantad	leed	ved	escribid	preguntad	id	oíd
USTED	trabaje	coma	corra	suba	cante	lea	vea	escriba	pregunte	vaya	oiga
USTEDES	trabajen	coman	corran	suban	canten	lean	vean	escriban	pregunten	vayan	oigan

11.10. Pon/poned → poner; Ve/id → ir; Ten/tened → tener; Oye/oíd → oír; Sal/salid → salir; Di/decid → decir.

11.11.

	USTED	USTEDES
Salir	salga	salgan
Tener	tenga	tengan
Poner	ponga	pongan
Decir	diga	digan
Ir	vaya	vayan
Oír	oiga	oigan

11.12. 1. abre; **2.** Siéntese; **3.** Escuchad; **4.** Descansa; **5.** Cojan, bajen, esperen; **6.** apagad; **7.** Mira; **8.** Tome; **9.** Leed; **10.** Digan.

11.13. 2. Orden; **3.** Llamar la atención; **4.** Dar un consejo; **5.** Dar instrucciones; **6.** Dar una orden; **7.** Llamar la atención; **8.** Un ofrecimiento; **9.** Consejo; **10.** Consejo.

11.14. A. *tú.*

ábrela; ciérralo; ponla; hazlos; léelo; crúzala; bébela; pregúntala; míralos.

B. ábrala; ciérrelo; póngala; hágalos; léalo; crúcela; bébala; pregúntela; mírelos.

Unidad 12

12.1. 1. es, es; **2.** están; **3.** es, está; **4.** es; **5.** Es; **6.** Es; **7.** Está; **8.** está; **9.** está; **10.** está; **11.** estamos, es; **12.** es; **13.** es; **14.** es, es; **15.** soy; **16.** está; **17.** estamos, 18. es, Son; **19.** está, es; **20.** es; **21.** es.

12.2. 1. es, es; **2.** estoy; **3.** Están; **4.** es; **5.** es; **6.** es; **7.** está; **8.** son; **9.** está, está; **10.** está; **11.** está; **12.** es; **13.** son; **14.** Está; **15.** Están; **16.** está; **17.** es; **18.** está; **19.** estoy; **20.** es, es; **21.** está, Estoy; **22.** es, está o está, es; **23.** es; **24.** Está; **25.** ser; **26.** estar; **27.** es; **28.** Estoy; **29.** Estoy; **30.** está, es.

12.3. 1. estoy; **2.** estoy; **3.** Estoy; **4.** es; **5.** está; **6.** está; **7.** es; **8.** está; **9.** está; **10.** es.

12.4. 1. a, a; **2.** de, a; **3.** de, a; **4.** de; **5.** de; **6.** a; **7.** a, en.
1. destino; **2.** origen; **3.** origen; **4.** origen; **5.** destino.

12.5. 1. Esta mañana he ido ~~en~~ a casa de Juan y no lo he encontrado; **2.** Correcta; **3.** El avión que está aterrizando llega ~~a~~ de Moscú; **4.** Me gusta ir ~~en~~ a pie a la escuela; **5.** Estoy enamorado ~~con~~ de Luisa; **6.** Correcta; **7.** Normalmente sueño ~~en~~ con árboles y jirafas; **8.** Necesito ~~de~~ ir al baño; **9.** –¿De dónde vienes?, –Vengo ~~a~~ de la playa; **10.** Nunca he estado ~~a~~ en Cuba; **11.** Después de cuatro meses vuelvo ~~en~~ a Holanda; **12.** Los ejercicios son ~~por~~ para mañana; **13.** Voy a pasar ~~en~~ por Barcelona ~~por~~ unos días; **14.** Susana va ~~con~~ en metro todos los días; **15.** No estoy ~~con~~ de acuerdo con Luis.

12.6. 1. ponerme, te pones, me queda; **2.** Quedamos, quedamos, nos quedamos; **3.** vestirte; **4.** quedarme; **5.** se cambia, se muda, se traslada; **6.** pones, colocar, poner; **7.** introducir, metes; **8.** regalar, hago regalos.

12.7. 1. Está; **2.** Soy; **3.** es/eres; **4.** Soy; **5.** reconoces; **6.** estás; **7.** reconozco; **8.** estás; **9.** estoy; **10.** (me) parece; **11.** oigo; **12.** es; **13.** estoy; **14.** acabo; **15.** Me alegro; **16.** empiezas; **17.** sé; **18.** Tengo; **19.** Supongo; **20.** empiezo; **21.** va; **22.** Sigo; **23.** Te acuerdas; **24.** tienes; **25.** puedes; **26.** Es; **27.** atiendo; **28.** hago; **29.** pido; **30.** me quejo; **31.** estoy; **32.** me entretengo; **33.** me alegro; **34.** quedamos; **35.** Hace; **36.** nos vemos; **37.** Te parece; **38.** nos vemos.

12.8. 1. rico; **2.** negro; **3.** cerrado; **4.** abierta; **5.** abierta; **6.** ricos/buenos; **7.** bueno; **8.** rica/buena; **9.** cerrado.

12.9. 1. al; **2.** al; **3.** a; **4.** a; **5.** a; **6.** para.

Unidad 13

13.1. 1. abierto; **2.** puesto; **3.** dicho; **4.** roto; **5.** descrito; **6.** hecho; **7.** descubierto; **8.** visto; **9.** muerto; **10.** vuelto.

13.2. a. **Verbo + algo: querer,** beber, tener, encender, pensar, saber, hacer.

Verbo + a alguien: llamar, invitar, saludar, sonreír, matar.

Verbo + algo + a alguien: enviar, explicar, decir, prestar, robar, pedir.

13.3. 1. No, no las he probado todavía. No, todavía no las he probado; 2. Sí, ya las he regado; 3. Sí, ya la he llamado; 4. No, no lo hemos escrito todavía. No, todavía no lo hemos escrito; 5. Sí, ya los ha hecho; 6. No, no lo he limpiado todavía. No, todavía no lo he limpiado; 7. No, no lo hemos comprado todavía. No, todavía no lo hemos comprado; 8. Sí, ya han venido; 9. Sí, ya la he sacado; 10. Sí, ya he estado (en Rumanía).

13.4. 1. se las; 2. te lo; 3. lo; 4. os lo/ nos lo; 5. os las; 6. nos lo; 7. se lo; 8. Le; 9. la; 10. te la.

13.5. 1. Se lo he prometido; 2. ¿Puedes ayudarla?; 3. Nos lo hemos comprado; 4. Juan le ha llamado y se lo ha pedido; 5. Necesito tomarla antes de ir a dormir; 6. Mis amigos me la han organizado; 7. Tengo que fotocopiarlos; 8. Se lo he dicho y se ha enfadado; 9. ¿Os lo ha traído (el camarero)?; 10. ¿Nos la ha devuelto (María)?

13.6. a. ¿Qué te ha parecido la nueva película de Julio Medem?

☺	☻	☹
estupenda, fantástica, increíble, genial	normal, ni fu ni fa, así así	un bodrio, horrible, muy mala, aburridísima

¿Cómo te lo has pasado en la fiesta?

☺	☻	☹
de fábula, de muerte, bomba, de vicio, muy bien, de miedo	regular, ni fu ni fa, más o menos	de pena, horrible, fatal

b. 1. un bodrio; 2. de muerte; 3. ni fu ni fa; 4. aburridísima; 5. fantástico.

13.7. a. 1. hemos tenido; 2. hemos salido; 3. hemos bailado; 4. hemos dormido; 5. nos hemos acostado; 6. Ha sido; 7. hemos visto; 8. hemos entrado; 9. han dicho; 10. hemos tenido; 11. hemos conocido; 12. han llevado; 13. he engordado; 14. he parado; 15. ha sido; 16. ha pasado; 17. hemos desayunado; 18. han robado; 19. hemos ido; 20. he puesto; 21. hemos ido; 22. han atracado; 23. ha dado; 24. ha perdido; 25. has hecho.

b. 1. Falso; 2. Falso; 3. Verdadero; 4. Verdadero.

c. 1. **De muerte:** Fenomenal, genial; 2. **Garito:** Bar; 3. **Atracar:** Robar; 4. **A las tantas:** Muy tarde; 5. **No parar de:** No dejar de; 6. **De pena:** Muy mal; 7. **Hay mucho ambiente:** Hay mucha gente divirtiéndose, hay mucha marcha, fiesta.

d. Nos lo estamos pasando de maravilla, ha sido muy divertido, La Alhambra es preciosa, los tablaos flamencos de Sacromonte... son estupendos, hemos conocido a unos gaditanos simpatiquísimos, aquí cocinan de muerte, ha sido un día de pena.

13.8. 1. viajé; 2. conocimos; 3. habló; 4. estudió; 5. salieron; 6. bebí; 7. entramos, nos conocimos; 8. nació; 9. vivió; 10. compraron, pagaron; 11. vendió; 12. esperamos, apareció; 13. hablasteis; 14. bailé, se sentaron, se levantaron, salimos; 15. paseamos; 16. Acompañaste; 17. se mudó, 18. cambié; 19. volvieron; 20. te dormiste; 21. regresó; 22. compraste; 23. contaron; 24. llamé; 25. Gastó.

13.9. 1. vivió; 2. Nací; 3. trabajó; 4. terminó; 5. visité; 6. habló; 7. salí; 8. Preparé; 9. comenzó; 10. me cambié; 11. encontré; 12. Entró, volvió; 13. se gastó; 14. Sufrí; 15. compré. 16. vino; 17. estuve, estuvo; 18. pudo; 19. tuve, hice; 20. dijo, dije; 21. trajo, puse; 22. supo; 23. se puso; 24. le di, me dio; 25. tuve; 26. fui, me gustó; 27. estuvimos, preferimos; 28. cogí, sirvió, se cayó, se rompió, tuve; 29. pidió, hice.

Unidad 14

14.1. 1. **Compró** (él): tercera persona del pretérito indefinido; 2. **Salí** (yo): primera persona del pretérito indefinido; 3. **Cené** (yo): primera persona del pretérito indefinido; 4. **Pone** (él): tercera persona del presente de indicativo; 5. **Canté** (yo): primera persona del pretérito indefinido; 6. **Trabajó** (él): tercera persona del pretérito indefinido; 7. **Ando** (yo): primera persona del presente de indicativo; 8. **Sale** (él): tercera persona del presente de indicativo; 9. **Viajé** (yo): primera persona del pretérito indefinido; 10. **Dejó** (él): tercera persona del pretérito indefinido.

14.2. a. **1.** fui; **2.** Me hospedé; **3.** conocí; **4.** me pareció; **5.** nadé; **6.** hice; **7.** asistí; **8.** fui; **9.** fui; **10.** disfruté; **11.** puse; **12.** fue; **13.** besaron; **14.** me mordió; **15.** fui; **16.** nacieron; **17.** Estuve; **18.** me encantó; **19.** tuve.

b. **1.** Falso; **2.** Verdadero; **3.** Verdadero; **4.** Falso.

c. **Alojarse:** Hospedarse; **Nunca:** Jamás; **Mujeres jóvenes:** Muchachitas; **Bonitas:** Lindas.

d. **Léxico del cuerpo que aparece en el texto:** Espaldas, cara, hombro.

e. **Partes del cuerpo:** rodilla, tobillo, cintura, codo, cuello, ceja, frente.

f. **Léxico de animales que aparece en el texto:** delfines, pelícano.

g. **Animales:** Foca, pato, rana, yegua, camello, mariposa.

14.3. a. **1.** fue; **2.** nació; **3.** representó; **4.** Criticó; **5.** nació; **6.** se conocieron; **7.** se casaron; **8.** abandonó; **9.** llamó; **10.** apareció; **11.** se publicó; **12.** tuvo; **13.** comenzó; **14.** empezó; **15.** nació; **16.** se tradujeron; **17.** vendieron; **18.** se despidió; **19.** volvió; **20.** fue.

b. **Entrañable:** Tierno; **Tebeo:** Cómic; **Fe:** Confianza; **Sopa:** Comida líquida y caliente; **En homenaje:** En honor; **Tira:** Sucesión de viñetas de cómic; **Reelegir:** Volver a elegir.

14.4. **1.** En 1997 me fui a vivir a Ginebra y un año más tarde/ un año después/ después de un año/ al cabo de un año/ al año siguiente volví a mi ciudad; **2.** A las tres puse el pollo en el horno y una hora más tarde/ una hora después/ después de una hora/ al cabo de una hora/ a la hora siguiente ya estaba hecho; **3.** El martes pasado viajamos a Londres y tres días más tarde/ tres días después/ después de tres días/ al cabo de tres días/ a los tres días visitamos la Tate Gallery; **4.** En 1998 comencé mis estudios y cuatro años más tarde/ cuatro años después/ después de cuatro años/ al cabo de cuatro años/ a los cuatro años los terminé; **5.** En marzo nos mudamos de casa; ocho meses más tarde/ ocho meses después/ después de ocho meses/ al cabo de ocho meses/ a los ocho meses nos volvimos a mudar; **6.** A las cuatro de la tarde salí del trabajo; cinco horas más tarde/ cinco horas después/ después de cinco horas/ al cabo de cinco horas/ a las cinco horas quedé con mi hermano en el Café Comercial; **7.** En febrero de 2000 empecé a trabajar; un año más tarde/ un año después/ después de un año/ al cabo de un año/ al año siguiente dejé el trabajo; **8.** En otoño de 2002 hice un curso de informática; casi un año después/ después de casi un año/ casi un año más tarde hice un curso parecido; **9.** En 1993 me trasladé a Dublín; dos años más tarde/ dos años después/ después de dos años/ al cabo de dos años/ a los dos años me fui a vivir a Amsterdam y tres años más tarde/ tres años después/ después de tres años/ al cabo de tres años/ a los tres años volví a Sevilla; **10.** El domingo llamé a Clara pero no estaba y le dejé un mensaje. Dos días más tarde/ dos días después/ después de dos días/ al cabo de dos días/ a los dos días me llamó y quedamos para cenar.

14.5. a. **1.** Nació; **2.** se trasladó; **3.** comenzó; **4.** Debutó; **5.** actuó; **6.** colaboró; **7.** protagonizó; **8.** participó; **9.** fue; **10.** se fue; **11.** compartió; **12.** rodó; **13.** trabajó; **14.** conoció; **15.** tuvo; **16.** debutó.

b. **1.** En 1986 protagonizó "La ley del deseo" junto a Carmen Maura y dos años más tarde/ dos años después/ después de dos años/ al cabo de dos años, a los dos años participó en "Mujeres al borde de un ataque de nervios"; **2.** En 1991 se fue a vivir a Los Ángeles y un año más tarde/ un año después/ después de un año/ al cabo de un año/ al año compartió rodaje con Tom Hanks en "Philadelphia"; **3.** En 1995 trabajó con el director Fernando Trueba en "Two Much" y ese mismo año conoció a su actual mujer, Melanie Griffith con la que tuvo una hija.

14.6. a. **1.** b; **2.** f; **3.** d; **4.** c; **5.** e; **6.** a.

b. **1.** a; **2.** c; **3.** b; **4.** a; **5.** c; **6.** c.

c. **1.** desconfiar; **2.** enloquecer; **3.** enternecerse; **4.** emocionarse; **5.** arrepentirse; **6.** sorprenderse.

d. Un rey, desconfiado de las mujeres, se enamoró perdidamente de una pastorcita, llamada Griselda. Loco de amor, decidió casarse con ella, así que fue a pedirle la mano al padre, quien aceptó sorprendidísimo y emocionadísimo. A los pocos días se casaron y, unos meses después, tuvieron una hija; le pusieron de nombre Esperanza.

Al cabo de un tiempo, un día, el rey vio a Griselda hablando con un pastor y, enloquecido por los celos, ordenó matarlo. Para castigarla a ella, la expulsó del palacio, y además le arrebató a su hija Esperanza y la entregó en un convento. Pero Griselda tuvo suerte porque una anciana mujer, que vio la entrega de la niña, le reveló el paradero de su hija y pudo seguir viéndola a escondidas. El rey, por su parte, no volvió a verla más porque así se lo pidieron los monjes del convento en el momento de entregarla.

Dieciocho años más tarde, el rey volvió a enamorarse de otra mujer mucho más joven que él. Pero esta vez no llegó a casarse con ella porque descubrió la identidad de la joven cuando un día la vio hablando con Griselda. En ese momento el rey se dio cuenta del enorme parecido de ambas mujeres y lo comprendió todo cuando las vio abrazarse con lágrimas en los ojos. El rey, arrepentido, les pidió perdón. Ellas, enternecidas, lo perdonaron y aceptaron volver a vivir con él. El resto de sus vidas fueron felices y comieron perdices.

Unidad 15

15.1. 1. existían, tiene; 2. lavamos, lavaban; 3. había, quedan; 4. viaja, iban; 5. era, es; 6. luchaban, son; 7. tiene, guardaban; 8. enviaba, escribimos; 9. podían, estudia; 10. jugaban, se divierten.

15.2. 1. era/parecía; 2. jugaba; 3. sentía; 4. era/iba; 5. costaba; 6. dormíamos; 7. pedía; 8. jugaba; 9. tenían/tocaban; 10. gustaba/eras.

15.3. 1. leía; 2. salía; 3. dormía; 4. sacábamos; 5. compraban.

15.4. 1. era, tenía, se llamaba, jugábamos, era, podía; 2. veía, fregaba, terminaba; 3. paseaba; 4. ibais; 5. iba, conocía, salía, lo pasaba, hablaba; 6. solían, les gustaba, les interesaba.; 7. tenía, cogía, llevaba, se ponía, castigaba, le daba, volvía, encontraba; 8. tenían, adoraban, llevaban, odiaban, iban; 9. hacíamos, Cantábamos, bailábamos, sufría, me gustaba, me ponía, lloraba; 10. era, Tenía, había, estaba, buscábamos, me encantaba.

15.5. a. 1. d; 2. a; 3. c; 4. b; 5. e.
b. 1. c; 2. b; 3. a; 4. e; 5. d.

15.6. 1. solíamos, salíamos; 2. solía, se levantaba; 3. solíais, ibais; 4. solían, venían; 5. solía, bebía.

15.8. a. 1. era; 2. iban; 3. lo hacían; 4. Compraba; 5. olvidaba; 6. era; 7. era; 8. cambiaba; 9. cambiaba; 10. cambiaba; 11. cambiaba; 12. era; 13. llegaba; 14. era; 15. buscaba; 16. Dormía; 17. encontraba; 18. había; 19. tocaba; 20. había; 21. fumaba; 22. sacaba; 23. andaban; 24. era; 25. iban; 26. era; 27. era; 28. Dormía; 29. encontraba; 30. Había; 31. tocaba; 32. había; 33. fumaba; 34. sacaba; 35. andaban; 36. era.

Unidad 16

16.1. 1. hemos comprado; 2. fui; 3. he conocido; 4. has visitado; 5. estuvieron; 6. traje, encontré; 7. tuvo; 8. he estudiado; 9. has probado; 10. pidió; 11. hice; 12. alquilamos; 13. habéis viajado; 14. fue, eligió; 15. ha roto.

16.2. 1. a; 2. b; 3. b; 4. c; 5. c; 6. b; 7. c; 8. c; 9. a; 10. b.

16.3. 1. me acosté, estaba; 2. vivieron, querían; 3. tenía, se cayó, se rompió, pudo; 4. era, corría, dejó, le gustaba; 5. se conocieron, se casaron, eran, tenía; 6. tuvimos, estaba, tenía, era, tenían; 7. sufristeis, os pasó, Fue, llevabas; 8. vivía, descubrí, era, iba, veía, supe, quería; 9. me enteré, estaba, me trasladé, cuidé, mejoró; 10. salimos, estuvimos, Lo pasamos, entramos, nos fuimos, ponían, había, nos gustaba, Decidimos, encontramos, bailamos; 11. vino, vi, estaba, llevaba, Me pareció, se sentía; 12. estudiaron, se conocieron, se encontraron, descubrieron, eran; 13. cambió, estaba, trabajaba, ganaba; 14. fue, había, era, bailaba, vino, me aburrí; 15. viajó, le encantó, era, quería, estuvo, buscó, encontró, volvió.

16.4. a. 1. se conocieron; 2. se casaron; 3. Fue; 4. se sucedieron; 5. tuvieron; 6. cogieron; 7. llevó; 8. paró; 9. se durmió; 10. era; 11. fumaba; 12. leía; 13. parecía.

b. 1. e; 2. d; 3. a; 4. b; 5. c.

c. 1. el conocimiento; 2. la decisión; 3. el pensamiento; 4. la parada; 5. la lectura; 6. la información; 7. la resolución; 8. el intercambio; 9. el ansia; 10. el deseo.

16.5. 1. nació, era, parecía, era; 2. he ido/quería/pude; 3. he tenido, he perdido, he ido, me he caído, llovía, llevaba, me he mojado; 4. vi, compraba/estaba comprando, estaba tomando, llamamos, se sentó, apareció, nos fuimos; 5. estábamos, salimos, tenía, quería, nos quedamos, hicimos; 6. era, tenía, creció, se volvió, empezó; 7. tuvieron, conducía, se hizo, sufrió; 8. estaban pensando/pensaban, eran, decidieron, podían, encontraron, vi, estaban; 9. cambió, ganaba; 10. tuvimos, hacían, encendían, hablaban, ponían.

16.6. 1. estaba esperando, me encontré, estaba hablando, apareció, me vio, se cabreó; 2. me lo pasé, hicieron, Estaba volviendo/volvía, llamó, tenía, esperaba, llegué, estaban esperando, acabó, estuve durmiendo; 3. estuvimos, hizo, estaba caminando, sentí, estaban, tuvimos, podía, lo pasé; 4. se ha roto/se rompió, Fue, Estábamos, se sentó, se rompió, se cayó, Nos reímos, Fue, se estaba levantando/se levantó, se torció; 5. te he contado, tuvimos, estaba lloviendo/llovía, estaba frenando/frenaba, derrapó, nos pasó, me di, estuve llorando.

16.7. 1. Correcto; 2. Esta mañana me he mareado porque ~~hizo~~ hacía mucho calor; 3. Mi hermana se casó con un hombre que ~~fue~~ era de Perú y dos años después se divorciaron; 4. Correcto; 5. Correcto; 6. ~~Empezaba~~ Empezó a llover mientras yo estaba esperando el tren en la estación; 7. Correcto; 8. Como no ~~tuve~~ tenía muchas ganas, no acompañé a Iván al mercado; 9. Correcto; 10. Solo ~~recibí~~ he recibido una carta de amor en toda mi vida.

16.8. 1. fue; 2. arremetió; 3. se encontraba; 4. produjo; 5. pretendía; 6. pudo; 7. intentó; 8. golpeó; 9. ha hecho; 10. ha estado; 11. han dado.

16.9. El lunes de la semana pasada me levanté a las ocho, me hice un café, me duché y me vestí; salí de casa a las ocho y media, tardé cuarenta minutos en llegar a clase, en el autobús fui/ iba leyendo aunque no muy bien porque estaba lleno de gente. Estuve en la facultad desde las nueve y media hasta las dos, pero no fui a todas las clases porque estaba cansada. Después, Helena y yo comimos en un bar cercano que era muy barato y más tarde tomamos un café en la cafetería Donato. Llamamos a Vera porque queríamos verla pero no estaba en casa. Mientras dábamos un paseo, Helena me comentó que estaba trabajando los domingos como guía turística, que le gustaba mucho y que los turistas eran muy simpáticos con ella. Yo le dije que estaba muy ocupada con la obra de teatro que estábamos montando y que estudiaba el papel por las noches y ensayaba los sábados.

Volvimos a llamar a Vera pero no pudimos localizarla. Decidimos ir al cine, pero la película no era muy buena; no nos gustó. A las nueve volví a casa, pero como había mucho tráfico llegué muy tarde. Cené con mi hermano, que estaba muy hablador, y me dijo que iba a ir a un concierto de un grupo que le gustaba mucho. Poco después, me lavé los dientes y me acosté pronto porque tenía mucho sueño. Leí un poco, pero enseguida apagué la luz y me dormí.

16.10. a. 5, 3, 2, 4, 1.

b. 1. b; 2. c; 3. a; 4. e; 5. d.

16.11. 1. C; 2. D; 3. B; 4. A.

Unidad 17

17.1. 1. dirá, guardará; 2. volveremos; 3. podré, iré; 4. habrá, estudiarán; 5. lloverá, disfrutará; 6. viajaremos; 7. sabrá, contaré; 8. cogeré, dejaré; 9. tendrá; 10. tendrá, me la quedaré; 11. seremos, romperemos, cuidaremos; 12. Saldrás, te vendrá; 13. podrá, ahorrará; 14. tendrán; 15. estarán, vendrán; 16. seréis, tendréis; 17. será, bajarán, hará; 18. será, realizarán, conocerán, harán; 19. jugaré, volveré; 20. querrá, se lo preguntaré.

17.2. 1. Correcta; 2. tendrá; 3. querrá; 4. Correcta; 5. Correcta; 6. Correcta; 7. vendrán; 8. Correcta; 9. iré; 10. diréis; 11. Correcta; 12. Sabrá; 13. tendré; 14. estudio; 15. diré; 16. habrá; 17. Correcta; 18. Correcta; 19. Correcta; 20. pondrán.

17.3. 2. Tener, Tengo; 3. Valer, Vale; 4. Decir, Decís; 5. Poder, Pueden; 6. Saber, Sabemos; 7. Venir, Vienes; 8. Salir, Salimos; 9. Hacer, Hago; 10. Caber, Caben; 11. Poner, Pongo; 12. Querer, Queremos; 13. Haber, Hay; 14. Decir, Decimos; 15. Venir, Vengo.

17.4. a. 1. dará; 2. compraré; 3. rodearán; 4. invertiré; 5. engordará; 6. crecerá; 7. llevaré; 8. sacaré; 9. compraré; 10. saltarán; 11. correrán.

b. El futuro es algo incierto, por eso hay que ser cuidadoso.

c. 1. i; 2. d; 3. b; 4. f; 5. g; 6. c; 7. j; 8. h; 9. a; 10. e.

d. 1. toro; 2. jirafa; 3. tortuga; 4. delfín; 5. ballena; 6. tiburón; 7. loro; 8. ratón; 9. yegua; 10. conejo.

e. 1. c; 2. e; 3. f; 4. h; 5. a; 6. b; 7. d; 8. j; 9. i; 10. g; 11. m; 12. n; 13. l; 14. k.

Unidad 18

18.1. 1. me iría, desconectaría; 2. serían; 3. Le importaría; 4. vendría; 5. seríamos; 6. Podría; 7. Sería; 8. Deberías; 9. hablaría, arreglaría; 10. valdría; 11. diría; 12. Tendrías; 13. dejarías; 14. volvería, daría; 15. les encantaría.

Usos: - Expresar cortesía: 1, 4, 5, 8, 12, 16, 19.

- Dar consejo: 2, 10, 11, 14, 15, 17, 20, 21.

- Expresar deseo: 6, 18, 22.

- Expresar probabilidad: 3, 7, 9, 13, 23, 24, 25.

18.2. 1. Tendría; 2. Le importaría; 3. Te molestaría; 4. Podría; 5. Sabría; 6. Tendría; 7. Tendrías; 8. Me darías; 9. Me pondrías; 10. Me traería.

18.3. a. 1. Saldrían; 2. Habría; 3. Dormiríais; 4. Viviríamos; 5. Haría; 6. Dirían; 7. Valdría; 8. Sabrías; 9. Pensaríamos; 10. Cabría; 11. Querríais; 12. Tendrías; 13. Volverías; 14. Cabríamos; 15. Seríamos; 16. Estaría; 17. Estudiaríais; 18. Vendría; 19. Hablaríamos; 20. Pondría.

18.4. 1. Un perro; 2. Un cura; 3. Una flor; 4. Un médico; 5. Un don Juan; 6. Una bruja; 7. Un mendigo; 8. Una feminista; 9. Un niño; 10. Un hippie.

18.5. a. A. Deberías; B. dejaría; C. pediría; D. golpearía, pondría; E. rompería; F. Podrías; G. me preocuparía; H. buscaría; 9. Tendrías; 10. reuniría, diría.

b. 1. A; 2. E; 3. C; 4. H; 5. B; 6. I; 7. D; 8. G; 9. J; 10. F.

18.6. 1. llegaríamos; 2. Podrías; 3. pasaría; 4. Tendríamos; 5. serían; 6. Correcta; 7. Correcta; 8. Correcta; 9. vendrían; 10. haría; 11. Correcta; 12. Correcta; 13. Correcta; 14. Correcta; 15. Correcta; 16. valdría; 17. Saldría.

Unidad 19

19.1. 2. Lee, Lea, Leed, **Lean**; 3. Vive, **Viva**, Vivid, Vivan; 4. Da, Dé, Dad, Den; 5. Manda, Mande, **Mandad**, Manden; 6. Envía, Envíe, Enviad, **Envíen**; 7. Comprende, **Comprenda**, Comprended, Comprendan; 8. Decide, Decida, **Decidid**, Decidan; 9. Contesta, Conteste, Contestad, Contesten; 10. Baila, Baile, Bailad, **Bailen**; 11. Empieza, **Empiece**, Empezad, Empiecen; 12. Comienza, Comience, Comenzad, **Comiencen**; 13. Sal, Salga, **Salid**, Salgan; 14. Ven, Venga, Venid, Vengan; 15. **Sigue**, Siga, Seguid, Sigan; 16. Vuelve, Vuelva, **Volved**, Vuelvan; 17. Di, Diga, Decid, **Digan**; 18. Juega, **Juegue**, Jugad, Jueguen; 19. **Piensa**, Piense, Pensad, Piensen; 20. Pon, Ponga, **Poned**, Pongan.

19.2. 1. Di; 2. Comprad; 3. Comprenda; 4. Pon; 5. Cerrad; 6. Entiendan; 7. Sal, juega; 8. Ten; 9. Haz, ven; 10. Sepan; 11. Venga, disfrute; 12. Construya; 13. Piensen; 14. Vístete; 15. Dúchate; 16. Levantaos; 17. Empezad; 18. Pídeme; 19. Llámame; 20. Salgan.

19.3. 1. Cómpraselas; 2. Báilenla; 3. Díganselo; 4. Pagádnosla; 5. Cómetela; 6. Bébasela; 7. Cógemela; 8. Devuélvamela; 9. Cambiádnoslo; 10. Escríbesela.

19.4. 1. Dame un vaso de agua; 2. Ponme esta película; 3. Dígame dónde está Álvaro; 4. Llama a Juan por mí; 5. Vengan conmigo; 6. Hagan el favor de marcharse / Márchense, por favor; 7. Cierre la puerta; 8. Pásame el pan, por favor; 9. Ayúdame a subir esa caja; 10. Acércame en coche a la estación.

19.5. 1. No vengáis; 2. No lo tengáis; 3. No te la des; 4. No salgas; 5. No la pongáis; 6. No penséis en ello; 7. No lo hagas; 8. No la traigan; 9. No empieces; 10. No contéis; 11. No mintáis; 12. No la pidan; 13. No lo calcule; 14. No lo sea; 15. No vayas despacio; 16. No me lo digas; 17. No sepa; 18. No la conozcáis; 19. No juguéis; 20. No vuelvan pronto.

19.6. 1. No se lo compréis; 2. No me lo lleves; 3. No lo saques; 4. No lo pongas; 5. No me lo dejes; 6. No salgáis; 7. No lo hagan; 8. No vaya; 9. No lo coja; 10. No me lo traiga.

19.7 1. No le hables; 2. No lo saquéis; 3. No se los traigan; 4. No se lo lleves; 5. No las suban; 6. No lo contéis; 7. No se la digan; 8. No se las pida; 9. No me lo expliquéis; 10. No lo decidáis.

19.8. 1. Correcta; 2. Correcta; 3. Cállate; 4. No me diga; 5. Correcta; 6. Correcta; 7. No me lo llevéis; 8. sal; 9. Ponte; 10. Correcta.

19.9. 1. que saques el aguijón y pongas hielo sobre la herida; 2. que no lo muevas; 3. que pongas la herida bajo el agua fría y no te pongas aceite ni pasta de dientes; 4. que vayas al médico; 5. que no lo toques hasta cortar la corriente eléctrica; 6. que no lo golpees; 7. que no tires agua si no sabes el origen del fuego; 8. que lo saques al aire libre y no le des nada para beber; 9. que comprimas la herida durante cinco minutos aproximadamente.

19.10. 1. se calle, se baje, me enseñe; 2. se ponga, se meta, juegue, vea; 3. hagas; 4. me hables; 5. vayas; 6. coma, consuma; 7. la acompañe; 8. devuelvan, cumplan; 9. te quedes, me ayudes.